道路客货运输驾驶员从业资格系列教材

道路客货运输驾驶员
继续教育教材

交通运输部道路运输司　　审　　定
交通运输部职业资格中心　　组织编写

北京交通大学出版社
http://press.bjtu.edu.cn

内 容 简 介

本教材依据《道路运输驾驶员继续教育办法》和《中华人民共和国道路客货运输驾驶员继续教育大纲》编写，共分为九个单元。内容以道路运输安全为主线，涉及最新的法律法规、道路运输危险源辨识、防御性驾驶、应急处置能力和节能减排等核心知识，适合于道路运输企业、物流公司客货运输驾驶员完成规定的继续教育培训使用。

图书在版编目（ C I P ）数据

道路客货运输驾驶员继续教育教材 / 交通运输部职业资格中心组织编写. — 北京 ： 北京
交通大学出版社，2012.4（2014.3重印）
ISBN 978-7-5121-0966-7

Ⅰ．① 道… Ⅱ．① 交… Ⅲ.① 公路运输：客货运输－驾驶员－继续教育－教材
Ⅳ．① U471.3

中国版本图书馆CIP数据核字（2012）第067248号

责任编辑：韩乐
出版发行：北京交通大学出版社   邮编：100044
销售电话：010-62091166转210   13501036721
印 刷 者：北京金吉士印刷有限责任公司
开　　本：787×1092　1/16　　印张：10.5　　　　字数：261千字
版　　次：2012年4月第1版   2014年3月第9次印刷
书　　号：ISBN 978-7-5121-0966-7/U • 94
印　　数：800 001～850 000册　定价：33.00元

本书如有质量问题，请向北京交通大学出版社质监组反映。对您的意见和批评，我们表示欢迎和感谢。
投诉电话：010-51686043，51686008；传真：010-62225406；E-mail：press@bjtu.edu.cn。

《道路旅客运输驾驶员从业资格培训教材》
全国通用本

　　道路运输驾驶员是道路运输安全的核心要素，道路运输驾驶员在工作中要以高度的社会责任感和崇高的职业道德规范要求自己，不断进步。

　　从业方针："遵章守法，安全运输；人畅其行，货畅其流。"
　　行车准则："安全第一，预防为主；辨识危险，避免事故。"
　　经营准则："依法经营，公平竞争；节能减排，绿色交通。"
　　服务准则："爱岗敬业，优质服务；勤于学习，钻研技术。"

　　"重视安全，尊重生命。"道路运输驾驶员在从业过程中，时刻绷紧安全弦，提高自身素质，提升安全驾驶技能，为构建和谐社会添砖加瓦。

序

道路运输驾驶员（简称驾驶员）是道路运输"以人为本、安全第一"的核心要素，直接承担着道路运输安全、服务和节能减排的重任，因此，既要严把驾驶员从业准入关，同时也要加强对已取得从业资格驾驶员的继续教育，不断提高驾驶员的职业能力和服务水平，为道路运输安全发展、科学发展提供保障。

2011年，交通运输部颁布了《道路运输驾驶员继续教育办法》和《道路客货运输驾驶员继续教育大纲》，明确了驾驶员接受继续教育的周期、内容和形式。

为切实组织和实施好驾驶员继续教育制度，交通运输部道路运输司、职业资格中心根据继续教育大纲组织编写了这本《道路客货运输驾驶员继续教育教材》。该教材在从业资格培训教材的基础上以强化道路运输安全为主线，对危险源辨识、防御性驾驶、应急处置能力等重点内容进行了拓展和细化，使其更有针对性，使培训内容在广度和深度上更加符合驾驶员继续教育的要求；在教材编写形式上结合我国道路运输发展的实际，把先进的安全驾驶理念和技能融入通俗易懂的文字叙述与案例分析中，图文并茂，更加符合成人教育培训的特点。相信这本书不仅能为驾驶员顺利完成周期内的继续教育课程带来帮助，而且能够作为日常工作中的工具书。希望广大驾驶员严格按照继续教育制度要求，不断提高职业能力；广大道路运输企业要切实落实安全生产主体责任，为驾驶员参加继续教育提供条件；交通运输部将始终把保障道路运输安全，服务人民群众作为我们的根本责任，不断加强对驾驶员继续教育工作的指导和监督。让我们共同努力为广大人民群众提供安全、高效、便捷、舒适、绿色的道路运输服务，为国民经济和社会发展贡献自己的力量。

交通运输部副部长

教材使用说明

本教材适用于道路旅客、货物运输驾驶员继续教育培训使用，共九个单元。

本教材包含最新的道路运输相关法律法规、行车安全、节能驾驶等内容，具有基础性、一般性、公共性的特点，是行业通用的指导性教材。教材内容涵盖《中华人民共和国道路客货运输驾驶员继续教育大纲》规定的24学时全部内容，各地区、各企业开展继续教育培训时，可以进行系统性集中学习24学时的全部内容，也可以根据实际情况，选择重点单元模块，结合地方特色或企业实际需要组织学习。

名词术语及其通俗叫法

规范术语	通俗叫法	规范术语	通俗叫法
转向盘	方向盘	前照灯	大灯、前大灯
制动	刹车	刮水器	雨刮器、雨刮、雨刷
制动踏板	脚刹、刹车踏板	点火开关	钥匙门
加速踏板	油门、油门踏板	驻车制动器	手刹、手制动器

计量单位的名称与符号

本教材为了方便读者理解，计量单位全部使用国家规定的规范用语。计量单位名称与符号对照关系见下表。

计量单位名称	符　号	计量单位名称	符　号
千米、公里	km	吨	t
米	m	千克、公斤	kg
厘米	cm	升	L
毫米	mm	牛顿、牛	N
小时	h	千帕	kPa
分	min	公里/小时	km/h
秒	s	转/分	r/min

为便于学习理解《道路客货运输驾驶员继续教育教材》的内容，道路客货运输驾驶员可登陆 www.jsypx.com.cn 或 www.驾驶员培训.com 进行远程在线学习，网站将于2014年5月开通。

目 录

单元一　道路运输相关法律、法规

🔘 **学习目标**

　　道路旅客运输驾驶员：深入理解道路旅客运输相关法规，强化遵纪守法意识；掌握新制定（修订）法规对道路旅客运输驾驶员的要求。

　　道路货物运输驾驶员：深入理解道路货物运输相关法规，强化遵纪守法意识；掌握新制定（修订）法规对道路货物运输驾驶员的要求。

　　道路运输驾驶员（以下简称驾驶员）学习从业相关的法律法规有两个基本作用：一是保证自身从业的合法性，避免有意或无意地违反法律法规；二是保证自身权益不被侵犯，或当自身权益受到侵犯时，使用法律的武器有效保护自己。驾驶员不仅应熟练掌握"老法律"、"老法规"，还要关注国家、行业制订和颁布的新法律、新法规、新政策，做到知法、懂法、守法、用法。

模块一　道路运输相关法律法规、标准框架

一、道路运输相关法律法规框架简介

　　我国道路运输行业的相关法律法规，包括针对道路运输制定的和与道路运输相关的法律、行政法规、部门规章、地方法规、行政规范性文件（见图1-1-1）。这些法律法规文件从道路运输综合管理、旅客运输、货物运输、车辆管理、驾驶员管理及交通事故处理六大方面对从业行为进行规范。

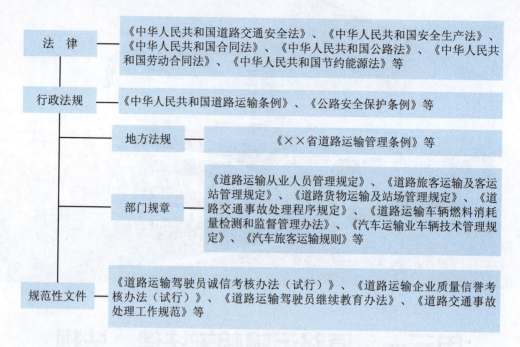

图1-1-1　我国道路运输行业相关法律法规框架

二、道路运输标准

国家、行业制定的强制性道路运输相关标准，以及在相关法规中被引用的推荐性标准，是从事道路运输必须执行的技术规范，具有与法律法规同样的地位和效力。执行道路运输标准是道路运输生产经营单位和驾驶员的法定义务，违反相关标准的要求，需要承担法律责任。驾驶员需掌握的主要标准见图1-1-2。

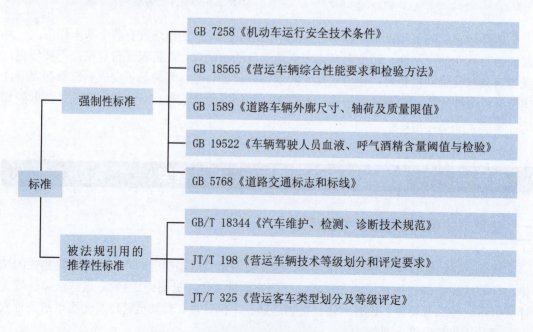

图1-1-2　道路运输驾驶员需掌握的主要标准

作为社会公民，每个人都有自己的责任、义务和权利，每个人的责任、义务和权利又因社会分工的不同而不同。道路运输驾驶员是维护交通及运输安全的主体，是缔造社会和谐的一份子，其任务重大，使命神圣，责任特殊而重要。除此之外，道路运输驾驶员也获有保障生命安全、身体健康的权利。驾驶员的责任、义务和权利不是随意赋予的，是由法律赋予的。这些法律法规主要包括《中华人民共和国安全生产法》（以下简称《安全生产法》）、《中华人民共和国劳动合同法》（以下简称《劳动合同法》）、《中华人民共和国道路交通安全法》（以下简称《道路交通安全法》）、《中华人民共和国合同法》（以下简称《合同法》）等。

一、法律赋予道路运输驾驶员的权利

驾驶员张师傅在与某货运公司签订劳动合同时，注意到其中一条条款为：由于交通安全事故导致乙方身体伤害、残疾或死亡时，所有损失与甲方无关。张师傅明知个人权益受到侵害，但为了来之不易的工作，最终签下了合同。

2011年10月12日，货运公司将10t货物装上载重只有5t的货运车辆后，要求张师傅于当日下午5点之前将其送到目的地。张师傅以车辆超载为由想要拒绝领导的要求，但却受到了解除劳动合同的威胁。出于无奈，张师傅只好接受运输任务。

车辆行驶到某道路时，突然发生爆胎，张师傅情急之下采取了错误的应对方式，最终酿成事故，货车连续撞上3辆小轿车后才停下，造成包括张师傅本人在内的3人重伤的严重后果。

事后，货运公司在未对张师傅进行任何赔偿的情况下，以"造成公司巨大损失"为由，将其辞退。

试问：上述案例中货运公司该对张师傅进行赔偿吗？货运公司有无权利在此情况下将张师傅辞退？

（一）获得劳动报酬、社会保险和赔偿的权利

驾驶员有权及时获得劳动合同约定的足额劳动报酬。道路运输企业拖欠或未足额支付劳动报酬时，驾驶员可以依法向当地人民法院申请支付令，人民法院应当依法发出支付令。

企业安排驾驶员加班时，驾驶员有权获得加班费。

道路运输企业须依法为驾驶员缴纳社会保险，具体包括养老、医疗、失业、工伤、生育等保险，不得利用驾驶员不懂法律或处于弱势地位，与驾驶员订立不公平协议，免除或减轻企业应负的责任。

因生产安全事故受到损害的驾驶员，除依法享有工伤社会保险外，依照有关民事法律尚有获得赔偿权利的，有权向企业提出赔偿要求。

（二）获得安全生产保障的权利

驾驶员有获得安全生产保障、获知工作场所和岗位的危险因素、防范措施及事故应急措施的权利，有权对本单位的安全生产工作提出建议。

（1）上岗前接受安全教育培训。

（2）获得劳动防护用品。

（3）运输车辆安全可靠，道路运输企业定期对车辆进行一级和二级维护。

（4）获知运输线路危险源和安全隐患，行车中如何正确使用安全防护装置，如安全带等方面的知识。

（5）获知防范交通事故的措施及发生交通事故的应急措施。

（三）批评、检举和控告的权利

驾驶员有权获知企业涉及到劳动者切身利益的规章制度和重大事项决定。在规章制度和重大事项决定实施过程中，驾驶员认为不适当的，有权向企业提出，通过协商予以修改完善。驾驶员合法权益受到侵害时，有权要求有关部门依法处理，或者依法申请仲裁、提起诉讼。

道路运输企业出现安全生产隐患或存在危害驾驶员生命安全和身体健康的劳动条件，如车辆的维护不按规定执行、从事超限运输不办理相关证件等，驾驶员有权对此进行批评，或向行业主管部门、安监部门及地方政府检举、控告。道路运输企业不得因此打击报复或取消与驾驶员签订的劳动合同。

（四）拒绝违章指挥和强令冒险作业的权利

道路运输企业若强制要求驾驶员违法驾驶车辆，强令超载、超员运输，开故障车等，驾驶员有权拒绝执行，且不被视为违反劳动合同。道路运输企业不得因驾驶员拒绝违章指挥和拒绝冒险作业，降低其工资、福利待遇或者解除劳动合同。

驾驶员发现直接危及人身安全的紧急情况时，有权停止作业或者在采取可能的应急措施后撤离作业场所。道路运输企业不得因驾驶员在上述紧急情况下停止作业或者采取紧急撤离措施而降低其工资、福利待遇或者解除与其订立的劳动合同。

（五）有关解除与不解除劳动合同的权利

在与企业协商一致的情况下，驾驶员有权解除劳动合同。解除劳动合同时，需提前30日以书面形式通知企业。驾驶员在试用期内提前3日通知企业，可以解除劳动合同。道路运输企业以暴力、威胁或者非法限制人身自由的手段强迫驾驶员劳动的，或者道路运输企业违章指挥、强令冒险作业危及驾驶员人身安全的，驾驶员可以立即解除劳动合同，不需事先告知用人单位。

道路运输企业出现以下情形，驾驶员可以解除劳动合同：

（1）未按照劳动合同约定提供劳动保护或者劳动条件的。

（2）未及时足额支付劳动报酬的。

（3）未依法为驾驶员缴纳社会保险费的。

（4）企业的规章制度违反法律、法规的规定，损害驾驶员权益的。

（5）以欺诈、胁迫的手段或者乘人之危，使驾驶员在违背真实意思的情况下订立或者变更劳动合同的。

（6）法律、行政法规规定驾驶员可以解除劳动合同的其他情形。

驾驶员有下列情形之一时，有权继续在本企业工作，道路运输企业不得解除劳动合同：

（1）从事接触职业病危害作业的驾驶员未进行离岗前职业健康检查，或者疑似职业病病人在诊断或者医学观察期间的。

（2）在本单位患职业病或者因工负伤并被确认丧失或者部分丧失劳动能力的。

（3）患病或者非因工负伤，在规定的医疗期内的。

（4）女性驾驶员在孕期、产期、哺乳期的。

（5）在本企业连续工作满15年，且距法定退休年龄不足5年的。

（6）法律、行政法规规定的其他情形。

道路运输企业违反《劳动合同法》解除或者终止劳动合同，驾驶员有权要求继续履行劳动合同；驾驶员不要求继续履行劳动合同或者劳动合同已经不能继续履行的，有权要求道路运输企业依照《劳动合同法》中相关条款支付赔偿金。

（六）经营服务权利

对于扮演着承运人和驾驶员双重角色的道路运输从业人员来说，其在道路运输经营活动中还享有运输承运人应享有的服务权利。具体见表1-2-1。

表1-2-1　道路运输承运人服务权利

类　别	服务权利	服务权利细则
道路货物运输	拒绝运输的权利	- 当托运人不按照约定的方式包装货物时，承运人可以拒绝运输
	免除责任赔偿的权利	- 当货物在运输途中出现损毁、灭失是因不可抗力、货物本身的自然性质或者合理损耗及托运人、收货人的过错造成的，承运人不承担赔偿责任
	享有货物的留置权	- 托运人或者收货人不支付运费、保管费及其他运输费用的
	收取保管费用、赔偿费用的权利	- 收货人不按规定时间提取货物，承运人有权要求收货人支付保管费等费用； - 在承运人将货物交付收货人之前，托运人可以要求承运人中止运输、返还货物、变更到达地或者将货物交给其他收货人，但应赔偿承运人因此受到的损失； - 因托运人对货物的名称、性质、质量和数量等重要信息申报不实或遗漏，造成承运人损失，托运人应承担赔偿责任

类　　别	服务权利	服务权利细则
道路旅客运输	拒绝运输的权利	- 旅客无票乘车、超程乘车、越级乘车或持失效客票乘车的； - 旅客不交付票款的； - 旅客坚持携带易燃易爆等危险品上车的； - 旅客因自身原因不能按客票规定时间乘车，且在规定时间不办理退票或变更手续的，承运人可以不退票款，并不再承担运输义务
	免除责任赔偿的权利	- 旅客在运输途中出现伤亡事故是因不可抗力、旅客自身健康原因造成的或承运人证明伤亡是旅客故意、重大过失造成的

二、法律赋予道路运输驾驶员的义务

（一）安全生产的义务

1. 安全检查和安全行车的义务

驾驶员上道路行驶前，应当对所驾驶车辆的安全技术性能进行认真检查，不得驾驶安全设施不全或机件不符合技术标准等具有安全隐患的机动车。

驾驶员应遵守道路交通安全法律、法规的规定，按照操作规范安全驾驶、文明驾驶。此外，道路运输企业的安全生产规章和安全行车规程来源于安全生产的相关法律法规，是保证道路运输安全、避免事故的基础，驾驶员应该学习、掌握并遵守。

2. 正确使用安全设施

安全设施可以降低事故的损伤程度。驾驶员必须做到以下几个方面：

（1）正确使用安全带。

（2）掌握车载灭火器的使用方法。

（3）正确使用警告标志。

道路旅客运输驾驶员还要掌握安全门、安全顶窗的开启方法及安全锤配备数量、位置和使用方法。

3. 接受道路运输安全培训，掌握安全驾驶技能

道路运输风险大、涉及公共安全，驾驶员需要接受一定时间的安全生产教育和培训，

掌握本职工作所需的安全知识，提高安全驾驶技能，增强事故预防和应急处理能力。

4. 发现事故隐患及时报告

道路运输中的安全隐患存在于驾驶员自身身体条件和心理状态、车辆状况、行驶环境、企业安全管理等诸多方面。驾驶员一旦发现自身身心状况不良、车辆存在故障、行驶环境危及安全运输及企业管理出现漏洞等隐患和不安全因素时，要及时向企业安全生产管理人员或企业负责人报告。

（二）遵守劳动合同条款的义务

依法订立的劳动合同具有约束力，用人单位与劳动者都应当履行劳动合同约定的义务。

道路运输企业与驾驶员签订的劳动合同包含保密条款和竞业限制的，驾驶员应遵守约定。

驾驶员违反劳动合同中服务期约定的，应当按照约定向用人单位支付违约金。违约金的数额不得超过道路运输企业提供的培训费用。道路运输企业要求驾驶员支付的违约金不得超过服务期尚未履行部分所应分摊的培训费用。

（三）经营服务义务规定

驾驶员要深入理解《合同法》关于运输合同的规定，尽可能避免或减少经营服务纠纷。驾驶员作为道路运输承运人的主要活动主体，了解合同法规定的承运人经营服务义务非常必要。具体见表1-2-2。

表1-2-2　道路运输承运人经营服务义务

承运人分类	承运人经营服务义务	承运人经营服务义务细则
道路货物运输	通知收货人取货	- 承运人将货物安全运到目的地后，知道收货人联系方式的，应当及时通知收货人提货
	保证货物安全	- 承运人应当将货物安全运输到目的地，在运输过程中因承运人过失发生货物损毁、灭失，应当承担损害赔偿责任
道路旅客运输	基本义务	- 在约定的时间、按照约定的或通常的运输线路将旅客、或者货物安全运送到约定地点
	保证旅客安全	- 救助患有急病、分娩、遇险的乘客； - 发现旅客携带违禁物品上车时，可以将违禁物品卸下、销毁或送交有关部门； - 旅客坚持携带或者夹带违禁物品的，驾驶员应当拒绝运输； - 发生旅客伤亡事故，承运人应承担赔偿责任
	告知旅客乘车重要事项	- 告知运输行为不能正常进行的事由； - 告知旅客正确佩戴安全带，不许将头、胳膊伸出窗外等安全注意事项
	其他义务	- 发生运输延迟或擅自变更运输工具标准时，应根据旅客要求安排改乘、退票或者减收票款

三、法律责任

驾驶员除享受法律规定的权利和承担相应的义务外，还应对因自身违法或过错造成的后果担负法律责任。《安全生产法》、《劳动合同法》、《道路交通安全法》等都对驾驶员因违法应承担的法律责任作了明确规定。

（一）《安全生产法》规定的法律责任

根据《安全生产法》规定，道路运输从业人员不服从管理，违反安全生产规章制度或操作规程的，由生产经营单位予以批评教育，依照有关规章制度给予处分；造成重大事故，构成犯罪的，依照刑法有关规定追究刑事责任。

（二）《劳动合同法》规定的法律责任

劳动合同依照《劳动合同法》规定被确认无效，如因驾驶员过错给道路运输企业造成损害，驾驶员应当承担赔偿责任。

驾驶员违反《劳动合同法》规定解除劳动合同，或者违反劳动合同中约定的保密义务或者竞业限制，给道路运输企业造成损失时，应当承担赔偿责任。

（三）《道路交通安全法》规定的法律责任

新修订实施的《道路交通安全法》对酒后驾车和伪造变造机动车相关证件等违法行为制订了更为严厉的处罚措施。

| 模块三 | 道路运输相关行政法规、部门规章规定 |

2011年8月，客运驾驶员张某驾驶一辆大客车行驶至随岳高速公路某处时，有乘客要求下车，张某随即将车停下，不料被后方一辆半挂货车追尾相撞。在巨大的冲击力下，张某驾驶的大客车撞断了右侧波形护栏和护栏外交通标志立杆，后翻入路侧排水沟，事故共造成26人死亡、29人受伤，半挂货车一半以上货物受损。后据警方初步分析，除客运驾驶员张某违规在高速公路停车下客外，半挂货车驾驶员还存在超速、疲劳驾驶行为，这些都是导致事故的直接原因，另外，半挂货车还存在货车载人等违法行为，使得事故伤亡人数进一步增加。

其实，《中华人民共和国道路运输条例》、《道路旅客运输及客运站管理规定》、《道路货物运输及站场管理规定》和《道路运输从业人员管理规定》等行政法规和部门规章都有"客不载货，货不拉客"、禁止在规定之外的地点上下客、"客运保护乘客、货运保管货物"的明确规定。客车驾驶员张某和半挂货车驾驶员违反运输经营服务规定，给乘客带来了无法挽回的伤害和损失，他们除了要接受法律的惩罚，还要面临行业的制裁。

道路运输行业的行政法规、部门规章及相关规范性文件是驾驶员从事运输经营服务的依据，是必须遵守的行为要求准则，驾驶员必须熟练掌握。

一、运输经营服务的规定

（一）基本要求

驾驶员从事道路运输服务，应取得相应资质，并随车携带相关有效证件，以备查验。见图1-3-1。

-道路客运班线经营许可证明
-客运标志牌

-驾驶证
-机动车行驶证
-道路运输证
-驾驶员从业资格证

-涉及超限运输的携带超限运输车辆通行证

图1-3-1　驾驶员运输时需要携带的证件

驾驶员运输过程中应遵守国家相关法规和道路运输安全操作规程，做到：

（1）不违章作业，连续驾车不得超过4h，每天驾驶时间不超过8h。

（2）认真做好车辆日常维护，确保车辆技术状况良好，保持车辆清洁和车内空气清新。

（3）保证车上安全、消防等设施齐全有效，认真填写行车日志。

（二）道路旅客运输经营服务相关规定

1. 按规定载客，不超载运输

客运车辆不得违反规定载货，乘客随身携带的行李要按规定放置在行李架或行李舱内。不得超载，因为超载会导致车辆安全性能下降，还会增加车辆燃料消耗。

2. 按规定上下客

道路旅客运输驾驶员应按照经营许可的线路、班次、站点运行，在规定的客运站、候车亭、招呼站等站点上下旅客，无正当理由不得改变行驶线路，不得站外上客或者沿途揽客。

3. 配合客运站工作

道路旅客运输驾驶员应当在发车30min前备齐相关证件进站等待发车，不得误班、脱班、停班。若不按时派车应班，1h以内为误班，1h以外为脱班。如果因车辆维修、肇事、丢失或者交通堵塞等特殊原

因导致不能按时应班的，应提前告知客运站经营者。

3.保护乘客人身、财产安全

道路旅客运输驾驶员应采取必要措施保证旅客的人身和财产安全。发生紧急情况，应该采取正确的救护措施，以"先救人，后救物"原则，最大限度地减少人员伤亡和财产损失。

（三）道路货物运输经营服务相关规定

1.按规定载货

禁止使用货运车辆运输旅客；未持有《超限运输车辆通行证》的，不得超限装载；严禁超载，不得运输法律、行政法规禁止运输的货物。

2.保护货物安全

道路货物运输应采取措施防止货物变质、腐烂、短少或者损失，采取有效的措施，防止货物脱落、扬撒等情况发生。

3.按规定执行大件、重载、超限运输

（1）大件运输

从事大型物件运输的车辆，应当按规定粘贴、喷涂标志和悬挂标志旗；夜间行驶和停车休息时应当设置标志灯。

（2）重载车辆运输

总质量超过14t的重型货运车辆、牵引车辆运输应安装行驶记录仪，车辆行驶途中驾驶员要严格按照相关规定正确使用。

（3）超限车辆运输

新颁布实施的《公路安全保护条例》规定，超过公路、公路桥梁、公路隧道限载、限高、限宽、限长标准的车辆，不得在公路、公路桥梁或者公路隧道行驶；确实需要在上述道路上行驶的，从事运输的单位和个人应当向公路管理机构申请公路超限运输许可。

经批准进行超限运输的车辆，应当随车携带《超限运输车辆通行证》，按照指定的时间、路线和速度行驶，并悬挂明显标志。

4.按规范装载

车辆应当规范装载，装载物不得触地拖行。车辆装载物易掉落、遗洒或者飘散的，应当采取厢式密闭等有效防护措施方可在公路上行驶。

公路上行驶车辆的装载物掉落、遗洒或者飘散的，车辆驾驶员、押运员应当及时采取措施处理；无法处理的，应当在掉落、遗洒或者飘散物来车方向适当距离外设置警告标志，并迅速拨打122，报告公路管理机构或者公安机关交通管理部门。

二、违反运输经营服务要求的处罚规定

违反道路运输经营服务规定，不但会扰乱道路运输市场秩序，还会危及乘客的安全和托运人的利益，甚至造成公共安全事故，其行为会受到相应的处罚。

（一）基本处罚规定

道路运输行政法规、部门规章经营服务基本处罚规定见表1-3-1。

表1-3-1 道路运输经营服务基本处罚规定

违 法 行 为	处 罚 规 定
未取得相应从业资格证件，使用失效、伪造、变造的从业资格证件，超越从业资格证件核定范围，驾驶道路客货运输车辆的	处200元以上2000元以下的罚款；构成犯罪的，依法追究刑事责任
非法转让、出租道路运输许可证件的	责令停止违法行为，收缴有关证件，处2000元以上1万元以下的罚款；有违法所得的，没收违法所得
不按照规定携带道路运输证的	责令改正，处警告或者20元以上200元以下的罚款
使用无道路运输证的车辆参加货物运输的	责令改正，处3000元以上1万元以下的罚款
不按规定维护和检测运输车辆的	责令改正，处1000元以上5000元以下的罚款
擅自改装已取得道路运输证的车辆	责令改正，处5000元以上2万元以下的罚款

（二）道路旅客运输违法行为处罚规定

道路运输行政法规、部门规章有关道路旅客运输经营违法行为处罚规定见表1-3-2。

表1-3-2 道路旅客运输经营违法行为处罚规定

违 法 行 为	处 罚 措 施
- 未取得道路客运经营许可，擅自从事道路客运经营的； - 未取得道路客运班线经营许可，擅自从事班车客运经营的； - 使用失效、伪造、变造、被注销等无效的道路客运许可证件从事道路客运经营的； - 超越许可事项，从事道路客运经营的	责令停止经营；有违法所得的，没收违法所得，处违法所得2倍以上10倍以下的罚款；没有违法所得或者违法所得不足2万元的，处以3万元以上10万元以下的罚款；构成犯罪的，依法追究刑事责任
- 客运班车不按批准的客运站点停靠或者不按规定的线路、班次行驶的； - 加班车、顶班车、接驳车无正当理由不按原正班车的线路、站点、班次行驶的； - 客运包车未持有效的包车客运标志牌进行经营的，不按照包车客运标志牌载明的事项运行的，线路两端均不在车籍所在地的，按班车模式定点定线运营的，招揽包车合同以外的旅客乘车的； - 以欺骗、暴力等手段招揽旅客的； - 在旅客运输途中擅自变更运输车辆或者将旅客移交他人运输的； - 未报告原许可机关，擅自终止道路客运经营的	责令改正，处1000元以上3000元以下的罚款；情节严重的，由原许可机关吊销《道路运输经营许可证》或者吊销相应的经营范围

最新法规速递

《道路旅客运输及客运站管理规定》于2005年7月12日第一次发布后总共经历了四次修正，根据2012年11月27日交通运输部《关于修改〈道路旅客运输及客运站管理规定〉的决定》进行了第四次修正，自2012年11月27日起施行。

（三）道路货物运输违法行为处罚规定

道路运输行政法规、部门规章有关道路货物运输违法行为处罚规定见表1-3-3。

表1-3-3　道路货物运输违法行为处罚规定

违 法 行 为	处 罚 措 施
- 未取得道路货物运输经营许可，擅自从事道路货物运输经营的； - 使用失效、伪造、变造、被注销等无效的道路运输经营许可证件从事道路货物运输经营的； - 超越许可的事项，从事道路货物运输经营的	责令停止经营；有违法所得的，没收违法所得，处违法所得2倍以上10倍以下的罚款；没有违法所得或者违法所得不足2万元的，处3万元以上10万元以下的罚款；构成犯罪的，依法追究刑事责任
- 强行招揽货物的； - 没有采取必要措施防止货物脱落、扬撒的	责令改正，处1000元以上3000元以下的罚款；情节严重的，由原许可机关吊销道路运输经营许可证或者吊销其相应的经营范围

最新法规速递

《道路货物运输及站场管理规定》于2005年6月16日第一次发布后总共经历了三次修正，根据2012年3月14日交通运输部《关于修改〈道路货物运输及站场管理规定〉的决定》进行的第三次修正为最新版本，自2012年3月14日起施行。

三、从业人员管理相关规定

道路运输相关部门对驾驶员从业资格管理，以及从业后的诚信服务、继续教育等有明确的规定，旨在严把驾驶员准入资格关，规范驾驶员的从业行为，提升道路客货运输服务水平。

（一）道路运输驾驶员从业资格管理

货运驾驶员陈某于2007年4月30日取得了道路货物运输从业资格证，发证机关是梅州市交通运输管理局。2013年7月20日他去北京一家货运公司应聘时，被告知其从业资格证已经超过有效期，新单位要求他先换证再来应聘，否则其从业资格证超过有效期180天则面临被发证机关注销的后果。陈某这才注意到问题的严重性。

1. 换证

道路运输驾驶员从业资格证件有效期为6年。驾驶员应当在从业资格证件有效期届满30日前到原发证机关办理换证手续。驾驶员从业资格证件遗失、毁损的，应当到原发证机关办理证件补发手续。

2. 证件变更和备案

驾驶员服务单位发生变更时，应当到交通主管部门或者道路运输管理机构办理从业资格证件变更手续。驾驶员在发证机关所在地以外从业，且从业时间超过3个月的，应当到服务地管理部门备案。

 温馨提示

申请换发、补发、变更从业资格证件的驾驶员如果违反了相关从业资格管理规定且尚未接受处罚，将无法办理从业资格证件换发、补发、变更事项。受理机关会在驾驶员接受处罚后为其换发、补发、变更相应的从业资格证件。

3. 证件注销和吊销

驾驶员年龄超过60周岁的、机动车驾驶证被注销或者被吊销的、超过从业资格证件有效期180日未换证等情形的，发证机关注销其从业资格证件。

身体健康状况不符合有关机动车驾驶和相关从业要求且不主动申请注销从业资格的、发生重大以上交通事故且负主要责任的、或发现重大事故隐患不立即采取消除措施继续作业等情形的，发证机关吊销从业资格证件。

4. 违章记录

驾驶员出现违章行为时，违章行为将被交通主管部门和道路运输管理机构记录在从业资格证件的违章记录栏内，同时通报给发证机关。这些违章记录会作为驾驶员诚信考核和计分考核的依据，并存入管理档案。

（二）道路运输驾驶员诚信考核

2008年8月28日，交通运输部印发了《道路运输驾驶员诚信考核办法（试行）》，驾驶员诚信考核工作正式开展。

道路运输驾驶员诚信考核是检验驾驶员服务质量、安全意识和遵守法规态度的标准。考核结果还可以作为培训、调整驾驶员工资、奖励驾驶员或辞退驾驶员的重要依据，将激励驾驶员不断进步和提高。这项工作的开展对提高驾驶员队伍综合素质、降低交通事故率、促进社会安全稳定都具有积极的意义。

1. 诚信考核的基本方法

驾驶员诚信考核实行计分制，计分分值分别为1分、3分、5分、10分、20分五种，考核周期为12个月，满分为20分，从驾驶员初次领取从业资格证件之日起计算。一个考核周期届满，经签注诚信考核等级后，该考核周期内的计分予以清除，不转入下一个考核周期。考核内容主要包含以下三个方面：

（1）安全生产情况：安全生产责任事故情况。

（2）遵守法规情况：违反道路运输相关法律、行政法规、规章的有关情况。

（3）服务质量情况：服务质量事件和有责投诉的有关情况。

具体考核内容及计分分值见表1-3-4。

表1-3-4　道路运输驾驶员诚信考核内容及计分分值

分值	考核内容
1分	- 未按规定携带《道路运输证》、《道路运输从业人员从业资格证》，从事道路运输经营活动的； - 未按规定随车携带《道路客运班线经营许可证明》，从事班线客运经营的； - 未在规定位置放置客运标志牌，从事道路旅客运输经营活动的； - 服务单位变更，未申请办理从业资格证件变更手续的； - 道路危险货物运输和经营性道路旅客运输驾驶员未按规定填写行车日志的； - 超过规定时间，未签注诚信考核等级，且未达30日的； - 超过规定时间，未参加继续教育培训，且未达30日的
3分	- 没有采取必要措施防止货物脱落、扬撒的； - 驾驶未按规定维护、检测的车辆，从事道路运输经营活动的； - 驾驶未按规定投保承运人责任险的车辆，从事道路旅客或者危险货物运输经营活动的； - 无正当理由超过规定时间30日以上未签注诚信考核等级的； - 超过规定时间30日以上未参加继续教育培训的； - 有受到县级交通运输主管部门或者道路运输管理机构通报批评的服务质量记录的
5分	- 驾驶无道路客运班线经营许可的车辆，从事班车客运经营的； - 超越《道路运输证》上注明的经营类别或者经营范围，从事道路运输经营活动的； - 驾驶擅自改装的车辆，从事道路运输经营活动的； - 驾驶客运班车不按批准的客运站点停靠或者不按规定的线路、班次行驶的； - 驾驶客运包车未按照约定的时间、起始地、目的地和线路行驶的； - 未配合汽车客运站执行车辆安全例行检查以及出站检查制度，擅自驾驶客车出站的； - 在旅客运输途中擅自变更运输车辆或者将旅客移交他人运输的； - 驾驶的危险货物运输车辆未按照危险化学品的特性采取必要安全防护措施的； - 有受到设区的市级交通运输主管部门或者道路运输管理机构通报批评的服务质量记录的
10分	- 从事道路运输经营活动，发生重大以上道路交通事故，且负次要责任的； - 驾驶无《道路运输证》的车辆，从事道路旅客或者货物运输经营活动的； - 驾驶无包车客运标志牌、包车票、包车合同的车辆，从事客运包车经营的； - 驾驶未取得《超限运输车辆通行证》的车辆，从事超限运输经营活动的； - 擅自涂改、伪造、变造从业资格证件上相关记录的； - 有受到省级及以上交通运输主管部门或者道路运输管理机构通报批评的服务质量记录的
20分	- 从事道路运输经营活动，发生重大以上道路交通事故，且负同等责任的； - 转让、出租从业资格证件的； - 超越从业资格证件核定范围，从事道路运输活动的； - 驾驶未取得《道路运输证》的危险货物运输车辆，从事道路危险货物运输的； - 本次诚信考核过程中或者上一次诚信考核等级签注后，发现其有弄虚作假、隐瞒相关诚信考核情况，且情节严重的

对驾驶员的道路运输违法行为，处罚与计分同时执行。驾驶员一次有两个以上违法行为的，计分时分别计算，累加分值。

依照累计计分情况，驾驶员的诚信考核等级分为优良、合格、基本合格和不合格，分别用AAA级、AA级、A级和B级表示，分值越高等级越低。具体评定标准见表1-3-5。

表1-3-5 驾驶员诚信考核等级评定标准

等　级	评 定 标 准
AAA	-上一考核周期的诚信考核等级为AA级及以上； -考核周期内累计计分分值为0分
AA	-未达到AAA级的考核条件； -上一考核周期的诚信考核等级为A级及以上； -考核周期内累计计分分值未达到10分
A	-未达到AA级的考核条件； -考核周期内累计计分分值未达到20分
B	-考核周期内累计计分有20分及以上记录的

2. 驾驶员诚信考核管理

（1）诚信考核签注

诚信考核周期届满后20日内，驾驶员需持本人的从业资格证件到档案所在地设区的市级道路运输管理机构签注诚信考核等级，并填写《道路运输驾驶员诚信考核表》。

驾驶员发生重大以上道路交通事故，且在诚信考核周期届满后20日内尚未有责任认定结论的，应当自收到公安机关交通管理部门出具的交通事故认定书后15日内，到档案所在地设区的市级道路运输管理机构办理诚信考核等级签注手续。

（2）考核满分继续教育

驾驶员在考核周期内累计计分达到20分的，应当在计满20分之日起15日内，到档案所在地有培训资格的机构，接受不少于18个学时的道路运输法规、职业道德和安全知识的继续教育。继续教育结束后，驾驶员凭继续教育合格证明到设区的市级道路运输管理机构办理清除计分手续。在本次诚信考核周期内，驾驶员诚信考核等级为B级。

3. 奖惩措施

奖惩分明才公平，才能激励诚信考核等级高的驾驶员继续保持高水平，督促、勉励诚信考核等级低的驾驶员改正错误、不断进步和提高。道路运输驾驶员诚信考核具有明确的奖惩措施，具体见图1-3-2。

奖励措施 →
（1）对诚信考核等级为AAA级的驾驶员进行表彰奖励。
（2）提高诚信考核等级为AAA级的驾驶员的工资和奖励。

惩罚措施 →
（1）对诚信考核等级为B级的驾驶员加强教育和管理。对存在重大安全隐患的驾驶员，调离工作岗位。
（2）不安排诚信考核等级为B级的道路运输驾驶员承担具有重大政治和国防战备意义、社会影响大、安全风险高的运输生产任务；不安排其承担黄金周和春运期间的道路旅客运输任务。
（3）道路运输管理机构对在考核周期内累计计分达到20分且未按照规定参加继续教育培训、无正当理由超过规定时间未签注诚信考核等级或从业资格证件被吊销的驾驶员要拉入黑名单，并向社会公告。
（4）对连续3个考核周期诚信考核等级均为B级或在一个考核周期内累计计分有3次以上达到20分的驾驶员依法撤销其从业资格证件。

图1-3-2　驾驶员诚信考核奖惩措施

（三）道路运输驾驶员继续教育

提高道路交通运输安全，构建绿色交通运输体系，提供安全、高效、便捷、可靠、绿色的道路运输服务，满足人民群众日益增长的出行需要和道路货物运输需要等目标的实现，离不开一线从业人员素质的提升。此外，道路运输法律法规的不断修订更新以及道路交通运输行业新发展新要求的出现，需要驾驶员不断进行知识更新。道路客货运输驾驶员参加继续教育是提高自身素质和行业竞争力的重要途径。

《道路运输驾驶员继续教育办法》明确规定，驾驶员必须参加继续教育。继续教育的内容主要包括道路运输相关政策法规、职业道德、运输安全和节能减排等。驾驶员继续教育周期为2年，在每个教育周期内接受继续教育的累计学时不少于24学时。

继续教育合格是驾驶员诚信考核、从业资格换证的必要内容和必备条件；驾驶员参加继续教育的情况还是驾驶员聘用和续聘的基本条件和道路运输企业质量考核的重要内容。

 单元问答

1. 由于不懂相关法律法规，您都吃过哪些亏？
2. 通过您经历的这些事，您获得了什么样的经验和教训？
3. 通过这一单元的学习，您都有哪些收获？

单元二　社会责任和职业道德

🔵 **学习目标**

　　道路旅客运输驾驶员：了解道路旅客运输驾驶员的职业特点，深入理解道路旅客运输驾驶员的社会责任和职业道德。

　　道路货物运输驾驶员：了解道路货物运输驾驶员的职业特点，深入理解道路货物运输驾驶员的社会责任和职业道德。

　　道路运输驾驶员的社会责任感和职业道德是个人素养的体现，是做好运输服务工作的保障，是企业文化的重要组成部分，是社会稳定和谐的重要基础。驾驶员增强社会责任感和培育职业道德具有重要意义。

　　提到客运驾驶员吴斌，大家都耳熟能详。而让大家记住这个名字的，是他心系乘客、忍住剧痛成功救下车内24名乘客的感人事迹，他也因此被大家称为"最美司机"、"平民英雄"。

　　吴斌2003年进入杭州长运客运二公司担任班车驾驶员。2012年5月29日，他像往常一样驾驶大客车执行运输任务，当车辆在沪宜高速公路上行驶时，突然一个制动毂残片击碎前窗玻璃后刺入他的腹部和手臂。在这个危急时刻，吴斌忍住剧痛完成系列安全操作：平稳停车、拉紧驻车制动器、开启危险报警闪光灯、打开车门，然后用手捂住自己的腹部，从座位站起来疏导乘客下车，同时不忘安抚乘客："大家别急，会有车来接的，大家自己小心点。"最终24位乘客毫发无伤，其他交通参与者无一受牵连。

　　由于车停得很稳，他还能站起来说话，很多乘客都不知道他伤得多重。然而，医生检查出来的结果却出乎大家的预料，"他伤得很重，肝脏破裂，出血很多。虽然全力抢救，但他术后全身多个脏器出现功能衰竭。"吴斌的主治医生深表遗憾。

吴斌强烈的责任感、坚强的意志力、高尚的职业道德和个人品德深深地感动了所有人，虽然大家的努力最终没能留住吴斌的生命，但他却永远活在了24名乘客心中，活在了所有人心中。

崇高的社会责任感和职业道德温暖人心，让整座城市、整个社会都充满温情。

模块一 | 道路运输驾驶员的职业特点

作为从事道路运输的驾驶员，每个人对自己的职业都深有体会：

货运驾驶员岳师傅谈感受时说："我从事道路货物运输已经14年，这14年里为了完成繁重的工作任务，经常要加班加点，每次执行运输任务都要保持高度警惕，随时需要应对各种危险和突发情况，一个不小心就有可能车毁人亡！……"

客运驾驶员李师傅说："做我们这一行真的要具备很好的心理素质，除了要忍受长途行车的枯燥外，还要满足各种乘客要求。有时候碰上无事生非、无理取闹的乘客，不但不能发脾气，还要保持良好的态度！"

客运驾驶员段师傅借助自己的一段亲身经历说："有一次运输途中，我老婆一直给我打电话，为了乘客安全，我就一直没接电话。事后才知道儿子发高烧住院抢救！有时候为了履行我们这份职业责任，不得不放弃我们的家庭责任啊！"

……

其实，驾驶员们的这些体会恰恰反应出了道路运输驾驶员特有的职业特点。道路运输驾驶员的职业特点与表现见表2-1-1。

表2-1-1 道路运输驾驶员的职业特点与表现

特　点	表　现
责任感要求高	道路客货运输的特点是点多、面广、线长和流动分散作业，驾驶员在没有人监督的情况下需要保持高度的自觉性和责任感
安全意识要求高	车辆在行驶途中遇到的情况复杂多变，意外因素很多。驾驶员必须保持高度的安全意识
身体素质要求高	道路运输工作强度大、环境复杂，要求驾驶员要具有很强的感知能力和运动能力，保证良好的身体素质
心理素质要求高	面对复杂的行车环境，驾驶员必须具备过硬的心理素质，克服惊慌和恐惧心理，沉着应对
主动应对能力要求高	车辆行驶中，道路交通信息千变万化、危险因素随时存在，驾驶员必须提高警惕，采取防御性驾驶，主动避免危险
综合素质要求高	驾驶员每天都要与众多的旅客、货主接触，驾驶员不仅仅应是一名"技术司机"，更应是一名具备较好服务意识和责任意识的综合性服务人员

人是一个独立的个体，但在更多的时候，又不可能"独立"存在。我们在不同的场合扮演着不同的角色，在不同的行业做着不同的工作，"责任"是约束我们关心他人、奉献他人的准则。如果人人都变得冷血、无情、不担责，只关心自己，置他人、社会于不顾，那么人类总有一天将不复存在。

现在我们来换位思考一下：如果您是一名乘客，您希望驾驶员提供怎样的服务？如果您是托运人，您又希望得到什么样的服务？如果您是一位行人，面对车来车往，您最在乎的是什么？当您突发意外，您最需要的是什么？当您需要每天戴口罩出行时，您觉得什么最重要？……将心比心，这些问题的答案告诉我们：保障乘客和其他交通参与者的生命财产安全、保障货物安全及时送达、为顾客提供优质的服务、保护生存环境、弘扬社会正气……这些都是驾驶员应承担的社会责任。

一、安全行车的责任

安全行车是驾驶员的首要责任，也是基本责任。乘客购票上车后，就把保障生命财产安全的重任交到了道路旅客运输驾驶员身上；从货物装载完毕那一刻开始，道路货物运输驾驶员就肩负着保障货物安全、完好、及时送达的责任。因此，驾驶员的工作不仅仅是"开车"这么简单，还包含更多的责任在里面。这种责任不仅仅是一种社会责任，也是一种法律义务。

除了要保障车内乘客和货物的安全，道路运输驾驶员还要保障车外其他交通参与者的安全，这也是驾驶员社会责任的一部分。道路运输车辆具有体型大、质量重等特点，在道路交通环境中处于"强势"地位，行人、骑车人、小型机动车等其他交通参与者相对而言处于"弱势"地位。如果道路运输车辆与其他交通参与者发生交通事故，势必会威胁到其他交通参与者的生命财产安全。因此，驾驶员应在行车过程中注意礼让这些"弱势"交通参与者，以免发生事故造成无法挽回的生命财产损失。

二、为顾客提供优质服务的责任

在道路运输过程中，驾驶员不仅仅是一名"司机"，还是一名服务人员。为顾客提供安全、优质、高效的服务是驾驶员肩负的重要责任。肩负起这种社会责任的意义主要包含两个方面：一是提高顾客满意程度，从而使自己获得尊重和自信，增强工作及生活的动力；二是促进社会和谐与文明，使人们有一个美好的生活环境。

三、节能减排、保护环境的责任

资源匮乏、环境污染已成为严重的社会问题，正危及着人类的健康和生存，如今查看空气污染指数已成为我们每天首要关心的事情。清洁的空气和美好的环境是我们共同享有的资源，不是某个人的私有产物，任何由于个人行为对环境的破坏都是对他人享受高质量环境权利的侵犯。因此，每一个人都有责任去保护环境，这不仅是对身在其中的我们每一个人的自我保护，更是保证无辜群体免受侵害的一种社会责任。

据统计，我国道路运输业所消耗的成品油数量巨大，占全国成品油消耗总量的30%左右，由此道路运输行业在节能减排方面也就应该承担更大的社会责任，而道路运输驾驶员便是节能减排的践行者。因此，学习驾驶知识，掌握节能驾驶技术，减少燃料消耗，降低尾气排放，是驾驶员不可推卸的社会责任。

四、弘扬社会正气的责任

当今社会存在各种各样的不稳定因素，违法犯罪现象还时有发生，道路上的各类意外事故也经常可见。当国家和人民群众安全受到威胁，社会公共利益受到危害时，驾驶员应该挺身而出，伸张正义，不畏强暴，敢于斗争和善于斗争。

> 宋师傅是一名常年行驶在邢台至衡水线的长途客车驾驶员。2011年5月25日下午14时许，两名刚上车的不法分子趁旅客熟睡之时翻摸乘客行李和衣兜，宋师傅从反光镜中发现两人的违法行为后，果断采取了连续制动和打方向的方式提醒旅客，并大声提醒乘客注意自己的财物。
>
> 宋师傅的行为激怒了小偷，不法分子遂向宋师傅展开报复行为，宋师傅不畏强暴，与不法分子展开英勇搏斗，在搏斗中被不法分子捅伤了右腿动脉。受伤后，他依然追赶歹徒，直到倒在血泊中。如果人人都能像宋师傅这样在关键时刻挺身而出，正义才能彰显，丑恶才会遁迹。

模块三　道路运输驾驶员的职业道德

职业道德是与人们的职业活动紧密联系，符合职业特点要求的道德准则、道德情操和道德品质的总和。它是人们在职业活动中应遵循的基本道德，是道德在职业活动中的具体体现。

不同的职业担负着不同的职业责任和义务，也就形成了各自特定的职业道德规范。道路运输驾驶员职业道德是调整驾驶员与服务对象、同业者等各方面关系的行为规范，是每一位道路运输驾驶员必须遵守的行为准则。

一、加强职业道德建设的意义

关于职业道德的培养，不同层次的人有不同的看法。表2-3-1中列举了不同层次的人对"职业道德建设的意义"的不同看法。

表2-3-1　关于"职业道德建设的意义"的看法

人群	观点	典型观点	点评
驾驶员	正	高尚的职业道德有利于个人职业发展	职业道德已经成为企业衡量员工是否合格或能否胜任工作的基本标准。是否具备良好的职业道德也是企业考虑是否为员工升职、加薪的衡量标准。一个"臭名昭著"的驾驶员在任何一家企业都不可能得到发展和重用
	反	不违法乱纪就可以了，具备高尚的职业道德没有意义	
企业领导	正	员工职业道德高低关乎企业声誉和企业文化建设，提高员工职业道德很有必要	事实证明，对员工职业道德的建设的确需要一定的物质投入，但有限的投入给企业带来的回报却是无限的：驾驶员职业道德建设不仅有利于激发、调动驾驶员工作积极性，提高工作效率以取得更多的物质回报，还能提高企业形象，给企业带来良好声誉，从而使企业获得更好的发展
	反	提高员工职业道德需要大量的人力、物力、财力投入，给企业造成不必要的经济负担	
社会、政府部门	正	各行业从业人员职业道德的提高是社会进步的基础，有利于社会稳定、和谐，可促使行业健康发展	如果各行业从业人员职业道德都提高一小步，社会文明就会提高一大截，而社会文明的进步必定促进社会经济的飞跃发展
	反	各行业从业人员职业道德的提高与社会经济发展无关	

由此可以看出，加强驾驶员职业道德建设对驾驶员个人、企业以及整个社会都是有积极意义的。

二、道路运输驾驶员职业道德的主要内容

道路运输驾驶员职业道德的内容可以概括为"三个意识"、"四种精神"和"五项品质"。提高驾驶员的职业道德，要求驾驶员树立"三个意识"，弘扬"四种精神"，培养"五项品质"。

（一）树立"三个意识"

"三个意识"即守法意识、安全文明意识、服务意识。

一位被评为"职业道德楷模"的客运驾驶员在谈自己的职业感受时说："其实我也没做什么惊天动地的事，就是把客运驾驶员份内的事做的尽善尽美罢了。作为一名客运驾驶员，乘客把他们的生命安全交给了咱们，任何事情就都马虎不得。乘客在乘车期间不开心，就要想想是咱们哪里做的不对？所以脑子里要有守法、安全、服务这些意识，将这些时时刻刻铭记在心里才行。干一行就要有一行的本分和规矩，这可能就是大家常说的职业道德吧！"

1. 守法意识

　　遵守交通法律法规、规章制度和安全操作规程，是维护驾驶员职业活动正常开展的重要保证。驾驶员要学法，懂法，守法，用道路交通法律法规来约束自己的行为，自觉接受交通管理部门的依法管理，这是机动车驾驶员职业道德的基本要求，也是安全行车的基础。

2. 安全文明意识

　　安全行车不仅关系到自己和他人的安全、健康和幸福，还关乎社会的安定。而驾驶行为文明与否与行车安全密切相关，也体现着驾驶员的职业道德水平和个人涵养高低。驾驶时抽烟、吃东西、开窗吐痰、乱扔垃圾、接打电话、乱按喇叭、加塞、抢道、滥用灯光、快速通过积水路段……这些令人深恶痛绝的不文明驾驶行为，不但会招致他人反感，还会给安全行车埋下极大的隐患。

　　树立安全文明意识要求驾驶员做到：

　　（1）将安全作为行车基本准则

　　驾驶员应铭记"安全第一，预防为主"的安全方针，始终将"安全"作为道路运输过程的头等大事。

　　（2）始终做到文明礼让

　　驾驶员应锻炼自己的克制能力，始终做到文明礼让，不开"英雄车"、"斗气车"、"冒险车"，行驶中常念"忍、让、慢"三字经，克服侥幸心理、逆反心理等不正常心理，提高自身的道德修养。

3. 服务意识

　　驾驶员的工作是通过车辆运送乘客和货物，从某种角度来讲也是一种服务性工作，需要讲究服务意识。对驾驶员来讲，树立服务意识就是尊客爱货，把乘客当亲人，视货物为家珍。树立服务意识要求驾驶员做到：

　　（1）树立顾客就是上帝的服务意识

　　在市场经济的今天，维系未来职业发展的是顾客。因此，在运输服务中，应时刻为乘客、货主着想，想顾客之所想，急顾客之所急，真诚服务。

　　（2）把让顾客满意作为工作的中心

　　道路运输行业归根结底是服务性行业，只有顾客满意了，道路运输行业才能有发展的动力，自己也才能有职业发展的

平台。因此，必须把让顾客满意作为工作的中心。

（二）弘扬"四种精神"

驾驶员职业道德的"四种精神"包括敬业精神、学习精神、诚信精神、互助精神。

> 货运驾驶员戴师傅从事道路运输行业已经整整30年，30年的从业生涯中他从没有放弃过学习。戴师傅不但阅读各种交通运输和汽车技术类的书籍，还经常从新闻上查看国内外的汽车新技术和国家出台的新政策。多年的积累让他成了行业内的专家，很多同事或同行遇到技术上的难题，都请他帮忙解决。
>
> 戴师傅在谈学习的体会时说："有些书教给你做人的道理，有些书告诉你工作的方法和态度，有些书传授你工作能力。学习能提高人的素养，只有自身的素养提高了才能提升我们的服务水平和职业价值。不管干什么都要讲究干一行、爱一行，三百六十行行行出状元，只要用心，货车驾驶员也能为社会的发展和进步作出贡献！"

1. 敬业精神

敬业是一种精神信仰，是职业道德的表现。《韩非子·喻老》中对敬业的解释是：专心致力于学业或工作。也有人把敬业解释为"一个人对自己所从事的工作负责任的态度"。因此，敬业和责任、专注是紧密相联的。

敬业的人容易得到他人的尊重、认可和信任，敬业精神是人走向成功的最重要的法宝之一。驾驶员应把敬业变成一种职业习惯，激发自己的敬业精神，爱岗敬业，提高个人职业素质。

2. 学习精神

俗话说，活到老、学到老。市场经济条件下，广大驾驶员要接受市场的考验，迎接市场的竞争。只有勤于学习，肯于钻研驾驶技术，不断拓展知识面的驾驶员，才能为广大客户提供优质的服务，才能在激烈的市场竞争中立足，避免被淘汰。因此，驾驶员要不断学习，努力钻研，开拓创新，努力跟上时代步伐，适应行业发展。

3. 诚信精神

诚信经营是道路运输行业树立信誉的根本。缺乏诚信，往往会导致自身的信任危机，最终被社会抛弃。健康有序的道路运输市场要求运输主体要公平竞争，进行公平竞争是指在运输业务开展中，遵守市场经济规则，通过提升服务质量来进行公平、平等的竞争。

诚信经营、公平竞争要求驾驶员应该做到以下几个方面：

（1）对待客户诚信经营

客户是企业发展的源头动力，应对客户保持善意、诚实、恪守信用的态度，反对任何欺诈行为。主要表现为：不欺骗乘客、不故意绕道；运输过程中出现意外情况时要及时告知乘客，尊重乘客选择；按合理方式和路线对货物进行装载和运输，时刻关注货物安全、完好情况，发现异常情况要及时告知货主。

（2）对待同行公平竞争

竞争是企业创新的源泉，应对同行业的从业人员本着平等、公平的精神开展竞争，不恶意争抢客（货）源、不故意压价、不欺行霸市、不搞地方保护主义，用提升服务品质来增强市场竞争力。

4. 互助精神

团结互助、乐于助人是我们中华民族的传统美德，也是驾驶员的基本职业道德。驾驶员在道路运输过程中遇到突发性的伤病员，如交通事故中的伤员、急需救助的病人和孕妇，或路边挥手要求搭车抢救的其他病人等，应该给予力所能及的救助。同时，作为驾驶员，当乘客的生命财产和货物安全受到非法侵害时，应能勇敢站出来，与不法分子斗智斗勇，维护乘客和货主利益，捍卫社会正义。

（三）培养"五项品质"

自信、谦虚、专注、忠诚、懂得感恩是驾驶员职业道德的五项品质。

1. 自信

自信是开启成功钥匙。一个没有自信，遇到困难就打退堂鼓的驾驶员无法获得乘客和客户的信任、企业的赏识，职业发展也就无从谈起。

2. 谦虚

谦虚是一种美德。三人行必有我师焉，要有一种从零做起的心态，放下架子，放下无谓的自尊心，无论对方年龄大小、是男是女，都有可能是你的老师。虚心使人进步，在工作中不断取长补短，方能不断进步。

3. 专注

专注是一种品质。专注于工作是一个人的魅力所在。只有做到专注，才能越来越专业，越来越强大。一个三心二意、心猿意马、心神不宁的人是很难有职业前途的，更别提在事业上取得长足发展了。

4. 忠诚

什么是忠诚？如何做到忠诚？忠诚就是每一天积极主动、踏踏实实、一丝不苟地工作，忠诚就是主动承担更多工作和责任，忠诚就是无私奉献，忠诚就是遵守诺言、信守合约。

5. 感恩

感恩是取得他人认可的基础。不懂得感恩的人有一种共同的心态，那就是认为所有人都欠他的，他得到的一切都是应该的。不懂感恩就不会去珍惜，因此距离失去也就越来越近。只有怀着一份感恩的态度对待工作，珍惜所有，才能从看似平凡的驾驶员工作中寻到精彩。

重新认识自己的工作

你工作是为了家人、公司还是自己？你工作是为了得到一份薪水还是实现个人价值？不同的答案对应着不同的职业态度。如果工作的目的仅仅是为了获得一份薪水，认为自己只是公司发展的一块垫脚石，那么，你在工作时就不会有上进心，就会失去勇攀高峰的动力和勇气。相反，如果把工作看成一种既能实现人生价值又能获得一份收入的职业，是为了自己而工作，你就会充满奋斗的激情。

在很多驾驶员的思想意识里，"驾驶员"是一种门槛低、地位低、收入低的职业，很多人认为只会开车就能做驾驶员，只有在个人职业生涯中"无路可走"时才会选择"驾驶员"这一职业。因此这些人在工作中就会表现出消极怠工、敷衍了事、"事不关己高高挂起"等不负责任的态度。

事实上这种想法和做法是大错特错的。因为对于乘客和货主来说，驾驶员是保障乘客和货物安全、顺利、及时到达目的地的使者；对于道路运输企业来说，驾驶员是企业发展的根本；对于社会来说，驾驶员是交通安全的保障者。驾驶员的地位和重要性都是毋庸置疑的。驾驶员只有正确认识了自己的职业，摆正职业态度，才能真正做好本职工作。

— 驾驶员职业道德口诀 —

诚实守信讲奉献，优质服务记心间；
学习思考勤实践，安全责任大于天。

 单元问答

1. 您身边是否存在一些较高社会责任感和职业道德的楷模？
2. 您在提高自身社会责任感和职业道德过程中遇到过哪些困惑？

单元三　道路运输驾驶员职业心理和生理健康

● 学习目标

　　道路旅客运输驾驶员：了解驾驶员心理、生理健康与道路旅客运输安全的关系；掌握心理健康调节方法；了解驾驶员常见职业病及预防措施。

　　道路货物运输驾驶员：了解驾驶员心理、生理健康与道路货物运输安全的关系；掌握心理健康调节方法；了解驾驶员常见职业病及预防措施。

　　道路运输过程顺利、安全与否，不仅与驾驶员的驾驶技能有关，还与驾驶员心理、生理状态息息相关。因此，驾驶员应遵循"情绪稳定、注意力集中、良好心理习惯、饮食规律、睡眠充足、加强锻炼、定期体检"七大原则，确保行车安全，避免事故发生。

模块一　驾驶员心理健康与行车安全

　　2013年5月，货车驾驶员小张拉着一车蔬菜，途中一辆白色法拉利突然从右侧车道快速穿插到他正前方，小张不得不采取紧急制动措施。这时，法拉利驾驶员却"得意"地鸣了几声喇叭，这让小张瞬间火冒三丈，于是他立即加挡提速，试图从左侧超越法拉利。不料其左后方一辆黑色帕萨特避让不及，一下撞向小张的货车，货车向右偏离的过程中又撞上了法拉利，小张的头重重的撞向前风窗玻璃，立即头破血流。两辆小轿车驾驶员也不同程度受伤，车辆也严重损坏。随后，小张和法拉利车主被检察机关以"危险驾驶罪"提起公诉，面对制裁小张后悔地说："当时我真是被气晕了，一心想着报复法拉利司机，真不应该……"

健康的心理对一个人的正常生活和工作十分重要，道路运输驾驶员每天驾驶机动车行驶在人车混杂的道路上，这一过程需要驾驶员保持注意力的集中和情绪的稳定，主动避免事故的发生。此外，驾驶员还可能会遇到各种突发情况和事件，此时驾驶员能否沉着冷静应对，化险为夷，与驾驶员的心理素质有很大的关系。可见驾驶员良好的心理状况对安全行车至关重要。

一、心理因素对行车安全的影响

性格、心理情绪、意志力、心理应激反应、注意力等都是影响行车安全的心理因素，几者之间相互影响，互为因果。

（一）心理情绪

道路交通事故分析发现：很多事故在发生前的6h内，驾驶员的情绪、情感都发生过剧烈的变化，出现过兴奋、得意等积极亢奋的情绪，或生气、郁闷等消极情绪。无论是积极亢奋情绪，还是消极低沉情绪，都会影响行车安全。

当驾驶员的情绪受生活、工作、情感，或者交通道路环境、其他交通参与者影响时，会出现积极、平和或消极三种倾向。有积极倾向时，会有高兴、兴奋、欣喜、激动等情绪波动，可能转变为忘乎所以、过度自信的驾驶心理，容易导致开"英雄车"等异常驾驶行为；有消极倾向时，会有抑郁、悲观、消沉、愤怒等情绪波动，可能转变为报复、仇视的驾驶心理，容易导致攻击性驾驶行为。驾驶员如果能始终保持一种平和的心理状态，那他的情绪就会很稳定，表现为从众、谦让、不急不躁等，这种良好的心理状态，有利于安全驾驶。

表3-1-1　驾驶员主要不良心理情绪诱因及对安全行车的影响

不良心理情绪	主　要　诱　因	对安全驾驶的影响
麻痹大意	- 道路宽阔、视线良好或夜间行车，车稀人少； - 长途运输，运输任务即将结束； - 由复杂道路进入平坦路面； - 车况良好，操作得心应手	注意力分散、超速
心理疲倦	- 任务多，劳动强度大，工作时间长； - 对驾驶工作不感兴趣	行动迟缓、视力下降、操作失误
盲目自信	- 职业运输驾驶过程中一直比较安全顺利，感觉自己驾驶技术高超，头脑反应快	超速、开英雄车
表现心理	- 运输车辆上载有认识的熟人，如领导、老乡、同学、异性朋友等，希望表现自己的驾驶技术，以博得赞扬和夸奖	复杂路段，高速冒险通过
烦躁情绪、报复心理	- 会车时，对方没有让出中心线，或者夜间使用远光灯会车，影响自己的行车路线和视线； - 超车时，对方减速但是不让路，或者让路但是不减速，较长时间超车不成功； - 跟车时，前方车辆故意压慢车速而影响到自己车辆行驶	开斗气车，不避让，强行超车或连续鸣喇叭，攻击性驾驶，导致对方驾驶员紧急制动、紧急躲避

不良心理情绪	主 要 诱 因	对安全驾驶的影响
愤怒情绪	- 与乘客发生口角； - 其他机动车连续鸣笛，强行超车等刺激干扰	注意力不集中，动作失误
虚荣、好胜	- 被其他车辆连续超越，认为丢了面子	高风险驾驶
兴奋与沮丧	- 受到上级领导表扬或批评； - 恋爱和失恋； - 家庭有喜事或难事； - 违反交通规则或发生事故被处罚； - 人的生物周期影响	开车走神，注意力不集中
紧张、恐惧	- 陌生路段路况不熟悉，尤其是夜间走盘山路等； - 看见惨不忍睹的交通事故现场； - 领导过分强调安全行车，使得行车中莫名其妙地紧张	动作变形，操作失误
心里焦虑、急躁	- 运输任务重、运输时间紧，完不成当天的工作任务	开快车，连续违法驾驶
从众心理	- 看到其他驾驶员超速、超载、超员，自己也超速、超载、超员	出现意外，措手不及
侥幸心理	- 明知超速超载、车辆带病上路、无证驾驶的危害，仍冒险驾驶； - 根据个人的经历、经验，碰运气	易出现紧急情况

　　2011年的一天，客车驾驶员小杨正准备出车时，突然接到爱人电话说父亲突发脑溢血，需要两万块钱住院费。父亲的突然病倒和随之而来的经济压力让小杨心情一下跌到了谷底。然而小杨没有调整好自己的心态就出发了，一路上他都心情抑郁。车辆在行驶过程时，一位乘客不听劝告，多次嚷嚷要在高速公路上违规下车。这位乘客的无礼吵闹让本来心情就不好的小杨失去了耐心，他变更到最右侧车道后突然猛踩制动踏板，这位乘客由于身体没有支撑，瞬间就跌倒在地，头撞到了一侧的座椅扶手上。幸好后方车辆及时减速，否则还可能导致更严重的事故。

　　这时候的小杨才意识到自己情绪失控，但为时已晚，他不但要赔偿这位乘客的损失，还要接受公司的惩罚。如果小杨在出车前调整好自己的心态和情绪，就不会发生这种事情了。

（二）意志力

　　意志力是心理学中的一个概念，是指一个人自觉地确定目的，并根据目的来支配、调节自己的行动，克服各种困难，从而实现目的的品质。

　　意志力是影响行车安全的重要心理因素。坚强的意志力表现为良好的克制力，当出现不良情绪时，能够在短暂的不理智后，马上说服自己控制情绪，使情绪平复下来，从而做出正确的决策，实现正确的结果。驾驶员如果没有良好的意志力，就会被不良情绪控制，出现急躁、开"英雄车"、"情绪车"、"斗气车"的行为，直接威胁到行车安全。

　　坚强的意志力可以通过后天的锻炼实现，意志力磨练的过程往往需要一个长期的过程，这需要驾驶员树立锻炼意志力的目标，在日常生活和工作中，时刻注意克服不良的思想倾向，约束自己的行为。要想达成安全、顺利的运输目标，需要坚强的意志、勇敢顽强的精神，克服道路上的一切困难。

（三）心理应激反应

驾驶员的驾车过程可以概括为一个循环往复的信息处理过程：驾驶员通过视觉、听觉和触觉等感觉通道接受来自外界的刺激信息（如交通信号、路上行人车辆动态、车辆本身工作状况等），经由神经系统传给大脑进行加工、决策，并向效应器（手和脚）下达命令，进行各种驾驶操作，改变汽车的运行状态。

在复杂的交通环境中行驶时，如出现突然跑到车道上来的小孩、突然转弯过来的自行车、车辆操纵机件失灵等情况，驾驶员必须迅速判明情况，在一瞬间做出决策，这时就会出现应激状态。

紧急情况出现的瞬间，每个驾驶员的应激反应都不一样。有经验、受过专门训练的驾驶员往往从容镇定，能正确处理紧急情况，发生误操作和导致交通事故的概率较低；经验不足，准备不充分的驾驶员往往手足无措，处置不当，发生误操作和导致交通事故的概率远远高于前者。

因此，驾驶员很有必要通过适当的训练，运用科学的驾驶判断方法来减少应激状态出现的次数，降低应激反应程度。

知识扩展

降低应激不良反应程度的措施

——提高预见性驾驶能力。提高自身交通安全意识，对可能发生的情况做出预见性估计，提前采取相应的预防措施。

——强化驾驶技能训练。熟练掌握正确的驾驶技能，确保在应激发生时顺利实施正确的驾驶操作，极大限度地降低应激不良反应程度。

——进行人为假设应激情景的训练。人为创设一些与实际相似的应激情景，比如前方自行车突然猛拐、所驾车辆制动（转向）失灵等，进行有针对性的训练。最大限度地克服和避免出现应激的不良反应。

（四）注意力

注意力是驾驶员安全行车中重要的心理因素之一。驾驶员在行车过程中出现走神、注意力分散等情况时，无法全面观察、正确判断和妥善处理当前的交通状况，极易导致交通事故发生。导致驾驶员注意力分散的因素及常见表现见表3-1-2。

表3-1-2 导致驾驶员注意力分散的因素及常见表现

导致注意力分散的因素	常 见 表 现
不良驾驶习惯	- 观察事故现场； - 行驶途中打电话、发短信； - 利用车载麦克风讲话； - 行车吸烟
生理状况	- 睡眠不足； - 身体不舒服； - 药物影响
车内环境	- 车上比较吵闹
运输任务	- 运输工作程序烦琐； - 运输任务重，劳动量大
兴趣趋向	- 喜欢观察自己感兴趣的建筑、景观等； - 喜欢观察道路上的行人

　　2013年年底，一段网络视频向我们生动地说明了注意力对安全行车的重要性。视频中，双层客车驾驶员左手握转向盘，右手垂在一边，车辆以80km/h左右的速度行驶在高速公路最右侧车道。几秒钟后，他开始用右手掏上衣左内侧口袋里的手机，将手机拿在手里后，他分别观察了一下前方和左右两侧的交通情况，可能是没有发现什么危险，于是开始放心地低头看手机，看手机的时间持续了足足10s！这时，意外发生了，当他抬起头时突然发现右前方一辆故障车停在行车道与应急车道的分界线上，他想采取紧急制动措施，但为时已晚！最终大客车以时速77km/h的速度撞上故障车，车身发生剧烈震动，前风窗玻璃右端瞬间被击碎……

温馨提示

一只手握物对行车安全的影响

　　转向盘能使车辆沿着一定路线行驶，也能改变车辆行驶线路。因此，转向盘非常重要，往往需要两只手同时操纵。尤其是在转大弯的时候，一只手很难使车辆平顺转弯。如果一只手握物，只用另一只手拨转转向盘，在缺乏辅助操作的情况下，车辆很容易偏离行驶路线，引发碰撞事故。如果握物的手拿香烟或手机的话，更会增加事故发生概率。

二、心理健康调节方法

　　对于驾驶员来说，长期在强度高、压力大的环境下行车，时常需要应对各种复杂的交通状况，每天与形形色色的乘客和托运人、收货人打交道，驾驶员难免会出现不同程度的心理问题。为确保行车安全，驾驶员很有必要掌握一些心理健康的调节方法。

（一）道路运输驾驶员常见的心理问题

驾驶员常见的心理问题有心理疲劳、焦虑、抑郁、恐惧等。心理问题的解决以驾驶员自我调节为主，必要时可借助于专业人员或其他人员的心理疏导。

1. 心理疲劳

心理疲劳主要表现为，在高强度的运输工作压力下，如驾驶时间过长、外界驾驶环境较差或条件多变等，驾驶员会感到心慌、心绪不宁，对驾驶过程产生一种无力应付的感觉。心理疲劳是一种常见的心理现象，一般来讲，在运输工作结束后经过一段时间的休息，就能恢复。

2. 焦虑

焦虑是驾驶员的典型心理问题，是对运输过程中不确定因素的防御性身心反应，表现为因不可预见运输过程中的危险，而感到紧张不安、忧心忡忡。一般性焦虑是情境性、暂时性的，常会随着危险结束而消除。但是，如果运输危险持续、长时间作用，驾驶员不能及时调节心理状态，就会出现心理障碍，不自觉地紧张、担心。

3. 抑郁

抑郁是驾驶员在遭受心理挫折以后，如家庭变故、工作待遇不公平、工作分配不合理等，而产生干什么都没有意思的郁闷感觉，表现为无精打采，疲乏无力，情绪消沉，悲观厌世。

4. 恐惧

驾驶员产生恐惧心理大多是因为本人出过事故或见别人出过事故，心中留有阴影。一旦遇到紧急危险情况便会失魂落魄，非常恐惧，因害怕、紧张而导致手足无措，难以控制车辆。

（二）心理调节方法

货运驾驶员老王这一年来遇到很多烦心事：工作上的，家里的，老人的，孩子的！这些烦心事直接影响了他的工作，运输过程中小事故时有发生。为此他多次受到领导批评，这让他更加郁闷了。

他找来好友老张倾诉，几瓶啤酒下肚，不但没有缓解抑郁，反而情绪更加失控，开始大哭起来。好友老张见此劝慰道："其实，谁心里没有个结呢，有结就要打开才行。要不你听听音乐、看看电影、运动运动都行，实在不行就去看看心理医生！"

老王在好友的建议下，不断尝试各种心理调节方法，逐渐敞开心扉，在家人和朋友的帮助和理解下，各种问题都得到了解决，他又开始精神焕发地奔跑在运输道路上了。

就像老张说的，遇到心理问题需要及时调节。心理调节的方法很多，包括宣泄法、自动调解法、目标寻觅法、身心放松法、求助心理医生等。

1. 宣泄法

宣泄法是最常用、最直接的调节心理状态的方法。有些人心理出现"疙瘩"时喜欢喝酒发泄，有些人喜欢逛街买东西，有些人喜欢摔东西，有些人喜欢大喊大叫，有些人喜欢找人倾诉……这些都属于宣泄方法，但不合适的宣泄方法不但对解决心理问题没有成效，还有可能导致更坏的结果。例如，驾驶员用"借酒消愁"的方式宣泄很容易导致交通事故。

合理宣泄法就是利用或创造某种条件、情境，以合理的方式把压抑的情绪倾诉和表达出来，以减轻或消除心理压力、稳定思想情绪的一种方法。当驾驶员心情不快时，向朋友和家人倾诉可以缓解内心的压抑感。因为有时候，问题一旦说出来就会发现其实问题并没那么严重，同时还可以从亲友那里得到一些安慰和有用的建议。

2. 自动调节法

人们在面临挫折时，常常会调动自身的适应机制，减少焦虑情绪，维持心理平衡。驾驶员可用培养自己情绪的稳定性、转移注意力等方法进行自我调节。

（1）培养自己情绪的稳定性

运输过程中，不可避免地会遇到各种不愉快的事情，驾驶员应学会不受不良情绪的影响。在驾驶行为开始前、结束后，经常性地检查审视自己的情绪，检查自己对易引起不正常情绪事物的反应，并学会控制自己。

（2）学会转移注意力

运输过程中，当驾驶员意识到自己情绪受到影响时，要学会及时从兴奋或愤怒的情绪中转移出来，可以用听听音乐、转换注意力等理智手段来控制自己情绪发生的强度，改变情绪发生的方向。

3. 目标寻觅法

驾驶员在遭受生活、工作的挫折时，常常会感到失去了生活、工作的目标，感到迷惘，出现"挫折感"或"空虚感"等心理障碍。运输过程中表现出对驾驶工作的厌倦。此时，驾驶员应从精神层面上寻找生活目标、工作意义，建立起明确和坚定乐观的人生态度。

（1）积极的自我暗示

当遇到苦难时告诉自己这不是最坏的结果，比起其他人，自己现在的状况还不是最差的，未来的生活肯定会变好的，经常憧憬美好的未来，保持奋发进取的精神状态。

（2）拓宽兴趣

兴趣是维持良好心理状态的重要条件，是生活的一种调剂。从事自己喜欢的活动常能给人带来极大的满足感和成就感。当面对生活、工作带来的压力和挫败感时，可以从个人兴趣中得到安慰和补偿。

4. 身心放松法

驾驶员可以通过放松训练，来缓解与消除心理紧张。放松训练对于缓解紧张性头痛、失眠、高血压、焦虑不安、气愤等生理心理状态较为有效，有助于稳定情绪、振作精神、恢复体力、消除疲劳，可增强驾驶员行车中处理突发紧急情况的能力。常用的身体放松方法有做操、散步、游泳、洗热水澡，常用的精神放松方法有

听音乐、看书、看电影、静坐等，同时要做到饮食正常，睡眠充足，适当运动。

5. 求助心理医生

当发现自己无论使用任何方法都不能舒缓心情时，应及时求助心理医生，以防更严重的问题发生。

心理医生能够找出咨询人产生心理疾病的原因，从而对症下药，能从专业的角度、采用专业的方法为咨询人提供帮助。目前国内很多医院和企业都设有心理咨询室，有些心理咨询室还设有网上咨询业务，驾驶员在出现心理疾病时，可以求助于心理医生。

模块二　驾驶员生理健康与行车安全

很多驾驶员都有出车前、收车后保养车辆的习惯，因为他们知道良好的车况能最大限度地避免交通事故。但很多人却忽视了对自己身体的保养，长时间疲劳驾驶、嗜好饮酒、饮食不规律、缺乏锻炼等因素正侵蚀着驾驶员的生理健康，同时也对行车安全构成了严重威胁。身体是革命的本钱。驾驶员应了解影响生理健康的因素，同时了解自身身体状况及职业病，掌握职业病的预防措施，塑造一个强健的体魄，以便更好地工作和生活。

一、影响行车安全的主要生理因素

影响行车安全的生理因素主要有视觉、听觉、知觉和反应特性等。

（一）视觉

良好的视觉是安全行车最基本的保障，通常驾驶员80%以上的交通信息都是通过视觉功能获得的。它主要包括视力、视野以及明暗适应能力，如表3-2-1所示。

表3-2-1　视觉功能与行车安全

项　目	内　容	图　示
视力	驾驶员的视力分为静视力、动视力和夜视力三种。驾驶主要依靠动视力，它受车速影响最大。车速越高，动视力下降越明显。夜视力与驾驶员的年龄有关。年龄越大，夜视力越差，20～30岁的夜视力最好	
视野	视野是指眼睛正前方所能看见的空间范围，与车速密切相关。随着车速的增加，注视点前移，视野变窄，对交通环境的分辨率变低，容易引发交通事故	

项　目	内　容	图　示
明、暗适应	从亮处到暗处的适应叫暗适应，反之为明适应。暗适应时间较长，一般需要4～6min，完全适应则需要30min；明适应时间较短，一般需要几秒到1min。在明暗适应的过程中如不做好相应的准备，极有可能发生事故	
眩目	人的眼睛突然受到强光照射会出现暂时性的视觉障碍，称为"眩目"。眩目发生时驾驶员会看不清周围的物体，极容易发生交通事故。如会车时使用远光灯极容易导致对方眩目	

知识扩展

养护眼睛有方法

（1）洗目，经常用热水、热毛巾等薰浴双眼，促进眼部血液循环。

（2）养目，多吃对眼睛有利的富含维生素、矿物质和微量元素的食物，营养眼睛。

（3）动目，适当运转眼球，锻炼眼球的活力。

（4）摩目，经常用手按摩双眼，预防视力下降。

（5）极目，在中途停车时，可放眼远眺，缓解视力疲劳。

（6）护目，不和别人共用毛巾，在强光下戴墨镜、茶镜等，保护眼睛。

（7）惜目，不要过度使用眼睛，注意适当闭目休息。

另外，一旦得了眼睛疾病，除了注意休息外，还要及时治疗，以免延误病情。

（二）听觉

听觉是仅次于视觉的重要感觉通道，它在人的生活中起着重大的作用。超车或会车、在高速公路上高速行车、遇到前方有行人、在雾天视觉受到影响时，常用按喇叭的方式来引起对方驾驶员和行人的注意。驾驶员听觉不正常，就无法接收有声信息，易导致交通事故。

知识扩展

怎样保护耳朵听力？

耳朵也是我们获取外界信息、与人沟通的重要器官之一，在重视保护视力的同时，也千万不要忽视了对耳朵听力的保护，否则一旦出现听力减退等问题，会对道路运输驾驶员的职业产生非常不利的影响。

（1）耵聍不要尽数清除。耵聍也就是俗话中的耳屎，它对耳朵有着一定的保护作用，可以阻止一些细菌的侵入。一旦将耵聍尽数清除，耳朵就会少一层保护罩，受到感染的几率就会增加。而如果掏耳朵的动作太粗鲁，会伤及耳道甚至鼓膜，使听力下降。

（2）避免在噪音太大的地方逗留太久。正在施工的工地、燃放爆竹的场所、噪音较大的工厂等地方噪音较大，尽量避免在这些地方逗留太久，必要时捂住耳朵或戴上耳塞保护耳朵。

（3）调低视频、耳机音量。看电视、视频，或使用MP3、随身听、手机等设备收听广播和音乐时，将音量调到合适的分贝。避免长时间使用耳机，大约45min就应休息一次。

（4）时刻关注自己的听力状况。一旦出现有耳鸣、耳痛、听力下降，就应尽快去医院就诊，以免延误诊断和治疗。

（5）避免滥用药物。一些药物，尤其是抗生素的副作用对听力具有危害作用，因此应尽量少服用抗生素类的药物。尽量在医生指导下服用药物，避免滥用药物。

（三）知觉

知觉是直接作用于感觉器官的客观物体在人脑中的反映。驾驶员的知觉包括空间知觉、时间知觉和运动知觉三类，其中空间知觉最重要，其次是时间知觉和运动知觉。具体见表3-2-2。

表3-2-2　三种知觉的概念

类　型	概　念
空间知觉	驾驶员对客观存在的空间反应，包括形状、大小、目标、位置、距离和方位等知觉
时间知觉	驾驶员对客观事物运动和变化的延续及顺序性的反应
运动知觉	驾驶员对物体在空间运动过程的知觉

驾驶员知觉一旦出现失误，便有可能发生交通冲突。例如，当出现空间知觉失误时，便会造成空间冲突（所驾驶车辆与其他车辆、行人或障碍物相撞），进而引发道路交通事故。

（四）反应特性

反应特性是对某种刺激所产生的应激动作，即从接收信息（感知）到反应（决策）产生效果的过程。整个过程所需的时间，可以划分为感知时间和反应时间。

感知时间是指在正常条件下，从眼睛观察到聚焦目标再到大脑识别出危险类型和性质的时间。反应较快的驾驶员一般需要1.75s的感知时间。车辆时速为88km时，这相当于43m的距离。反应时间是指正常条件下，从大脑识别出危险类型和性质到脚踩下制动踏板这一段时间。驾驶员一般需要0.75s的反应时间。车辆时速为88km时，这相当于18m的距离。特殊的生理状况会很大程度上影响驾驶员的感知和反应时间。

驾驶员反应越快，处理情况越及时，安全行车就越有保障。研究表明，驾驶员的反应能力除了与年龄、技术、经验有关外，还受到疲劳程度、车速、药物和酒精等因素的影响，在行车中要尽量排除这些因素的负面干扰。

二、影响驾驶员生理健康的主要因素

影响驾驶员生理健康的因素很多，主要包括酒精、药物和生活方式等。

（一）酒精

当酒精达到一定量之后就会影响人的中枢神经系统，出现反应变慢，感知、预警和判断能力下降，动作延迟或出现错误等现象。因此，嗜酒如命、借酒消愁或为了应酬把自己罐得酩酊大醉，不但伤身，还会将自身置于危险之中。对于驾驶员而言，酒后或醉酒驾车的危害更大，不但面临罚款、扣分、暂扣或吊销机动车驾驶证、拘留或追究刑事责任等惩处，还有可能造成货物重大损失或使车内人员因此丧命。因此，驾驶员应牢记"饮酒不开车，开车不饮酒"的警示，行车前、行车中坚决避免饮酒。

　　2011年5月4日21时许，平原交警大队执勤民警在城区东外环对一辆平原牌照的轻型厢式货车进行检查时，发现驾驶人栗某有酒驾嫌疑。经检测，栗某体内酒精含量为61mg/100ml，达到酒后驾驶标准，驾驶的车辆为货运营运车辆，其行为属酒后驾驶营运车辆交通违法行为。驾驶员栗某面临"驾驶证记12分、行政拘留15日、罚款5000元、吊销驾驶证且五年内不得重新取得机动车驾驶证"的处罚。

　　2011年8月12日下午3时，陕西省白河县驾驶员黄某驾驶营运重型自卸货车，在市区丝绸路富江路口，与驾驶员陈某驾驶的普通二轮摩托车发生交通事故，造成陈某重伤。事故发生后，城区交巡警中队民警迅速赶到事故现场，发现黄某意识混沌，反应迟缓，有酒后驾驶的嫌疑。后经抽血检测，警方确定黄某血液中的乙醇含量为41mg/100ml，超过了酒后驾驶机动车的标准。

　　……

 温 馨 提 示

　　人的体质不同，对酒精的分解、吸收能力也就不同，因此有的人能够较快"醒酒"，有的人则需要很长时间才能彻底吸收、分解掉体内的酒精。根据交警建议，饮酒后12h内最好不要驾驶机动车，因为很多人上午饮酒，下午往往仍能被检测出酒精含量超标。

（二）药物

　　驾驶员在执行运输任务期间服药一定要严格遵守药品说明书要求或经过医生诊断同意，并主动告知医生自己的职业特点，千万不能随便服药，因为某些药物在服用后能较长时间对人的反应能力、思维能力或行动能力产生影响，威胁驾驶安全。

　　以下七种药物会使驾驶员反应迟钝，注意力和驾驶能力下降，驾驶员服用后不准驾驶车辆。具体见表3-2-3。

表3-2-3　七种服用后不宜驾驶车辆的药物

药物种类	药物举例	副作用
对神经系统有影响的药物	安定片等	反应迟钝、判断力下降、运动技能下降
催眠药物	巴比妥等	瞌睡、乏力、反应迟钝
使人恶心和产生变态反应的药物	麦斯卡林等	恶心、头晕、眼花
止痛药	阿司匹林等	恶心、呕吐、成瘾、嗜睡
兴奋剂	咖啡因等	幻觉、判断力下降、易冲动
治疗癫痫的药物	苯巴比妥等	疲乏、步态不稳、视物成双
治疗高血压的药物	氢氯噻嗪等	疲劳、嗜睡、头昏眼花

（三）生活方式

不良生活方式会严重影响驾驶员的生理健康，不合理饮食、缺乏体育锻炼、吸烟、酗酒和熬夜等是许多慢性疾病产生的原因。为了驾驶的安全，驾驶员应养成良好的生活习惯，时刻保持充沛的体力和饱满的精神。

三、不良生理状况对行车安全的影响

（一）疲劳

货车驾驶员张某是位超级球迷，2010年6月11日凌晨6点看完球赛仅仅休息一个小时后他便开始了运输任务。从上午十点开始张某就哈欠不断，但并没有停车休息，而是坚持驾驶。中午十二点时，他终于坚持不住，直接趴在了转向盘上，导致货车行驶轨迹向左偏移。这时一辆中型客车迎面驶来，因为事发突然，中型客车避让不及，导致两车发生剧烈碰撞。

2008年12月2日8时30分许，一辆从阿图什开往乌市的卧铺客车（实载30人）与一辆相向行驶的拉煤货车（车上有3人）相撞，造成22人死亡，3人重伤。在距事故发生地前7km处，货车驾驶员因疲劳驾驶曾被执勤交警强制休息20min，但仍未能阻止悲剧的发生。另外从事故照片中可以看到，客车的左半部（司机驾驶位）被整齐地从头到尾削掉一半，由此推断客车驾驶员在事发当时也极可能处于熟睡状态，根本没有做出本能的保护躲避动作！

……

因驾驶员疲劳驾驶导致的造成群死群伤、巨额财产损失的重特大交通事故，可谓是数不胜数。

据统计，60%以上的交通事故与疲劳驾驶有关，而因疲劳驾驶造成的交通事故占总数的20%左右，占特大交通事故的40%以上；24%的驾驶者在驾驶途中感觉有疲劳驾驶现象；在高速公路上驾车，驾驶员打瞌睡的频率是每40km一次；11时至13时、24时至凌晨2时、4时至6时这3个时间段驾驶员最容易疲劳，这是人体生理调节机能最脆弱的时候。

天气炎热、长时间行车、夜间驾驶、生活习惯不良、睡眠时间过短或睡眠质量不好、身体不适、行驶环境过于复杂等都是引起疲劳的原因。驾驶员疲劳时会出现视力下降、注意力不集中、犯困打盹、反应变慢等现象，影响对车辆的操控，极易导致交通事故。

（二）疾病

各种类型的不适、疼痛、疾病或残疾均会分散驾驶员对交通状况的注意力，从而降低车辆行驶的安全性。在患有疾病的情况下驾驶车辆，驾驶员的判断能力、观察能力、控制能力都会大大降低，增大了发生交通事故的可能性。

因此，驾驶员需注意以下事项：

（1）有强烈的疼痛感，有包扎或绷带会影响行动能力，不宜驾驶。

（2）定期到医院做身体检查，及时发现身体存在的不良状况。

（3）注意劳逸结合，保持心情愉悦。

（4）严重心脑血管疾病患者不宜从事驾驶职业。

（三）女性生理期

女性驾驶员在生理期常有身体不适、心情烦躁、困倦、疲惫、腰酸背痛等反应，这些反应对安全驾驶有一定影响。因此，如果女性驾驶员需要在生理期内执行运输任务时，应尽量多喝热水、多休息，加强营养，通过听音乐等方式缓解自己的不良情绪，以使自己拥有良好的身体和精神状态。

（四）更年期

更年期主要发生在44～55岁之间的妇女身上，其表现为全身潮热盗汗、身体乏力、心慌、失眠、急躁易怒等。如果更年期反应强烈，会对行车安全造成一定影响。

很多人容易忽略自己进入更年期，或不愿意承认自己进入更年期的事实，潜意识里认为更年期就是不再年轻的预示，一旦被人说成"更年期"或了解到自己进入更年期的实情，往往无法接受，使得心情更加烦躁不安。其实，更年期是每个女人和大约30%的男人都要经历的正常生理过程。进入更年期的驾驶员要多听音乐，少为琐事烦恼，每天坚持适量运动，多吃富含维生素E的食物，戒烟限酒，保持乐观豁达的心态，这样才能减轻更年期症状，减少其对工作和生活的影响。

四、驾驶员常见职业病及预防措施

货运驾驶员程师傅今年刚满40岁，可大大小小的病却不少：肩周炎，腰间盘突出、前列腺炎、失眠……这些病使他的身体和精神饱受折磨。说起这些毛病，程师傅一脸无奈和委屈："这不都是为了工作，工作害的吗？我有什么办法？！"的确，驾驶员的工作辛苦又充满挑战，对身体和精神的损耗都非常大，但是，我们就真的没办法保护自己的身体健康吗？

长期久坐、长时间紧张的驾驶，饮食的不规律，熬夜和憋尿等客观困难的存在，使得驾驶员会患上一些职业病。驾驶员了解一些常见的职业病类型，并积极地、有针对性地采取措施，有利于预防疾病发生。以下是一些驾驶员常见职业病及预防措施。

| 颈椎病、腰痛 → | 停车休息时尽量下车活动，多扭动脖子，做做弯腰、伸腿、扭动腰髋部的动作。车辆遇到红灯时，头部向左、向右旋转各十余次 |

| 神经功能紊乱 → | 保持心情舒畅，避免与乘客发生争执。保证充足休息、睡眠时间，切忌疲劳驾驶。休息时享受生活（如观看自己感兴趣的电视节目，听听音乐等），进行自我放松 |

| 胃病 → | 多吃富含维生素、纤维素的蔬菜和水果，少吃油腻、辛辣等刺激性食物，食物避免过烫或过凉。在驾驶室里常备一些新鲜水果，定时食用，补充营养 |

| 振动病 → | 每天出车前或收车后做一遍体操或快步行走5km左右。行车时戴上防振保暖手套或棉丝手套 |

| 泌尿系统疾病 → | 平时注意个人卫生，尽量穿棉质内衣裤。运输过程中及时上厕所，尽量避免憋尿。天冷时要注意局部保暖，可在驾驶座上铺一个稍厚的垫子 |

| 噪声性耳聋 → | 在不妨碍正常运输、安全驾驶的前提下，关闭车窗，或在车上播放舒缓的音乐 |

图3-2-1　驾驶员职业病针对性预防措施

驾驶员健康口诀

早休息，勤锻炼，职业疾病早预防；
不喝酒，少吸烟，合理饮食保健康。

 单元问答

1. 从事道路运输行业以来，您的心理和生理健康是否受到职业影响？
2. 您是否有职业病？您被哪些职业病所困扰？
3. 您认为应如何改善自身心理和生理健康状态？

单元四　道路运输车辆使用

学习目标

　　道路旅客运输驾驶员：了解客运车辆新标准及新技术、新设备的作用；掌握客运车辆维护周期及维护作业内容；掌握客运车辆常见故障识别；掌握客运车辆的安全检视项目、方法。

　　道路货物运输驾驶员：了解货运车辆新标准以及新技术、新设备的作用；掌握货运车辆维护周期及维护作业内容；掌握货运车辆常见故障识别；掌握货运车辆的安全检视项目、方法。

　　道路运输驾驶员应紧跟行业发展要求，适时了解车辆新技术、新设备的应用，做好车辆维护工作，学会使用车辆的应急备品，保证车辆技术性能良好；同时，还要学会判断、处理车辆常见的故障，做到"心中有数、应对有方"。

　　驾驶员宁师傅对待车辆就像对待自己孩子一般，爱护有加，一有时间他就会对车辆擦擦洗洗，例行的保养也是从不落下，他驾驶的车辆总是企业内最干净、最新、车辆技术状况最好的。多年的职业磨炼和学习，使他练就了一身过硬的技术本领，练就了一手"闻（气味）、听（声音）、看（零件）、摸（温度）"的检车绝活，用同事们说的一句话概括就是："行家一出手，就知有没有"。车辆有没有问题、问题在哪，他只要几分钟的"闻、听、看、摸"，基本上就可以判断得"八九不离十"。每次无论出车早晚，他都坚持运用这"四字法"认真检查车况，绝不图一时之快，简化作业。

　　正是因为他在技术上精益求精，工作上一丝不苟，多年来，他驾驶的客车从未发生任何事故或车辆故障，安全行程达120多万公里，得到了领导的重视、同事的尊重和乘客的称赞。

目前，随着车载卫星定位技术与无线电通信网络的发展，车载卫星定位系统因其具有良好的可操作性和经济性，在交通运输行业得到了广泛应用。同时，基于车载卫星定位系统而构建的车辆导航系统与车辆运营管理系统等也正在我国迅速发展，对实现交通运输现代化发挥着越来越重要的作用。

一、道路运输车辆安装卫星定位系统的要求

交通运输部《关于加强道路运输车辆动态监管工作的通知》（交运发〔2011〕80号）规定，2011年8月1日起，新出厂的旅游包车、三类以上班线客车和运输危险化学品、烟花爆竹、民用爆炸物品的车辆（简称两客一危），在车辆出厂前应安装符合标准的卫星定位装置。道路运输管理部门将对未按规定安装符合标准的卫星定位装置的新增车辆，不予核发道路运输证。《关于进一步加强客货运驾驶人安全管理工作的意见》（公通字〔2012〕5号）规定，对于已经取得道路运输证但尚未安装卫星定位装置的两客一危车辆或已安装但未接入全国重点营运车辆联网联控系统的两客一危车辆，自2012年2月1日起，道路运输管理部门将暂停其资格审验。

二、车载卫星定位系统的构成和功能

（一）监控平台

政府监管平台主要实现对上级平台的数据报送和对下级政府平台的管理、对企业平台的监管和服务，具备报警及警情处理、车辆监控、线路监控、行驶状态监控、统计分析、终端管理等功能。

企业监控平台主要实现对平台中的车辆安全运营的实时监控，具备报警、警情处理、车辆监控、线路监控、行驶状态监控、统计分析、终端管理等功能。

（二）车载终端

车载终端又称卫星定位车辆管理系统或卫星定位车载监控系统，它是依托卫星定位、地理信息及无线通信等技术手段，实时掌握车辆位置和状态，提供调度管理信息的软硬件综合系统。驾驶员通过按键、触摸屏或遥控器等方式操作终端，终端通过语音报读设备与显示设备，结合信号灯或蜂鸣器等设备向驾驶员提供信息。

车载终端的主要功能包括：

1. 自检功能

通过信号灯或显示屏明确表示车载终端当前主要状态，若出现故障，则显示故障类型等信息，存储并上传至监控中心。

2. 定位跟踪

按照设定的时间间隔、指定的时刻点或者距离间隔，向监控中心上传车辆具体位置、速度、方向等信息。

3. 行驶记录功能

所有车辆行驶轨迹均实时上传到调度中心，并永久记录在计算机中供管理人员随时查询。轨迹文件可以随时查询和回放。

4. 警示功能

警示功能分为人工报警与自动提醒。人工报警的情况包括：当遇到抢劫、交通事故、车辆故障等紧急情况，驾驶员通过触动应急报警按钮向监控中心上传报警信息，同时关闭语音报读模块。如果终端具有图像、视频、音频采集功能，应立即启用该功能。

自动提醒指驾驶员不对终端进行任何操作，终端根据监控中心设定的条件触发，内容见表4-1-1。

表4-1-1 自动提醒功能包含的内容

自动提醒功能	内　容
超速提醒	当车辆速度超过预先设定限速值时，就会主动上报超速报警数据
越界提醒	调度监控中心可设定一定区域，当车辆进入或离开该区域的时候上报该位置信息并报警
断油断电提醒	在必要的时候，调度监控中心向车辆发送断油断电指令，让车辆无法开动
偏航提醒	该功能使车辆只能在规定线路上行驶，一旦车辆运行轨迹偏离预设线路最大距离时，监控中心将接收到车载终端发出的报警信息
疲劳驾驶提醒	驾驶员连续驾驶时间超过疲劳驾驶时间阈值时触发
蓄电池欠压提醒	终端检测车辆蓄电池电压低于预设值时触发，同时终端须停止从车辆蓄电池取电，转由终端内置备用电池供电
超时停车提醒	停车时间超过系统预设时间时触发
终端故障提醒	当终端主机及与终端主机连接的外部设备工作异常时触发，并上传至监控中心

5. 安全防盗

卫星定位系统设有非法开启车门、非法点火、非法拆除蓄电池、密码三次输入错误等报警功能。当犯罪分子非法进入车内作案、企图盗窃车辆时，系统可以及时报警，确保车辆安全。

6. 监听

当发出紧急信息后，系统自动启动监听功能。

7. 信息采集

终端可以采集的信息有：驾驶员身份（通过IC卡方式采集驾驶员的从业资格信息）、电子运单、车辆CAN总线数据、车辆载货状态、车辆运营数据、收费结算数据、图像信息、音频信息、视频信息等。

8. 休眠

具有车辆ACC点火检测功能，当车辆熄火后，终端向监控中心发送车辆熄火信号并自动进入休眠状态。

三、车载卫星定位系统的管理

驾驶员应正确使用和维护车载卫星定位装置，做到：

（1）确保车载卫星定位系统车载终端处于开机状态。保护好车载卫星定位系统车载终端，确保其始终处于工作正常状况。

（2）禁止无故或恶意手动报警，扰乱平台正常工作。

（3）遵守各项行车安全制度，对监控平台提醒纠正的违章行为应及时改正。

（4）严禁人为损坏车载终端，严禁私自拆除或改变车载终端结构。

（5）车载终端不能正常工作时，应及时向管理部门反映，及时进行维护。

（6）车载卫星定位装置出现松动时，及时进行加固。

（7）保持驾驶室室内环境整洁、干燥，不要使车载卫星定位系统设备接触到水、油等液体。

（8）停车时，尽量避免让车载卫星定位系统直接曝晒于阳光之下。

模块二	道路运输车辆维护及相关备品、工具使用

2010年5月的一天，福州鳌峰洲桥头附近，一辆货车突然冲过护栏，撞上对面车道一辆本田车后侧翻，本田车又撞向了旁边并排行驶的丰田车。丰田车被撞后，车身旋转着被弹出主车道。

肇事货车司机陈某说，车辆下桥时突然转向盘失灵，打一圈都是空转，最终冲向隔壁车道。据陈某介绍事故车辆除了购买保险外，几乎没做过维护，都是哪坏了就修哪，长期以来都是以修代保。

对于长期超负荷行驶的车辆，如果不注重维护会使转向盘负载偏重，出现螺丝松动，导致转向失灵。这样的车辆每行驶一定距离就要进行周期维护，尤其要注重在每天出车前、收车后进行日常维护，发现车辆故障要及时进行修理。不及时维护，会影响车辆的正常工作，甚至导致严重事故。

随着行驶里程的增加，车辆动力性、燃油经济性和安全性等性能会不断下降，甚至会出现故障（见图4-2-1）。车辆维护有利于降低车辆故障率，延长车辆的使用寿命，保障行车安全。另外，在出车前准备好相应的安全备品、工具，对保障行车安全也很重要。

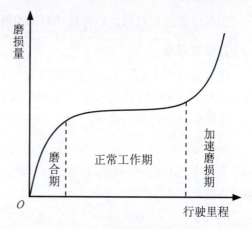

图4-2-1 汽车零件磨损曲线图

 温馨提示

目前，我国道路运输车辆维护制度分为两种类型：一种是机动车生产企业制订的车辆维护制度，即按照机动车生产企业提供的技术文件进行定期维护；另一种是交通运输管理部门根据车辆使用情况制订的车辆维护制度，即按照国家标准《汽车维护、检测、诊断技术规范》（GB/T 18344）的要求，对车辆进行定期维护，具有强制性。

一、车辆维护

（一）日常维护

车辆日常维护以清洁、补给和检查为主，由驾驶员在出车前、行车中或收车后完成。车辆日常维护的工艺流程，如图4-2-2所示。

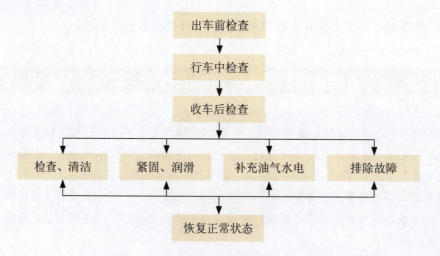

图4-2-2 车辆日常维护作业的工艺流程图

车辆日常维护包括如下内容：

（1）对车辆外观、发动机外表进行清洁，保持车容整洁。

（2）对车辆润滑油、燃油、冷却液、制动液、各种工作介质、轮胎气压进行检视补给。

（3）对汽车制动、转向、传动、悬架、灯光、喇叭、安全装置的功能及发动机运转状况进行检视、校紧，确保行车安全。

（二）一级维护、二级维护

1．一级维护

一级维护作业的中心内容除日常维护作业外，主要以清洁、润滑、紧固为主，并检查有关制动、操纵等安全部件。一级维护由维修企业负责执行。

车辆的一级维护周期通常按照行驶里程或使用间隔时间来确定，一般为7500～10000km或者30日的间隔时间，具体按照《汽车维护、检测、诊断技术规范》（GB/T 18344）的要求来确定。驾驶员按照道路运输企业维护作业流程（见图4-2-3）做好相关配合工作。

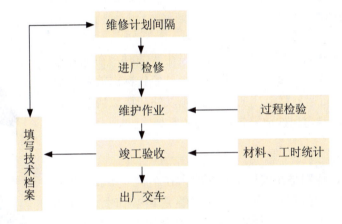

图4-2-3　车辆一级维护作业流程图

2．二级维护

二级维护是行业标准强制要求进行的技术维护作业。二级维护作业除一级维护作业内容外，主要以检查和调整转向节、转向摇臂、制动蹄片、悬架等经过一定时间的使用容易磨损或变形的安全部件为主，并拆检轮胎，进行轮胎换位；检查调整发动机工作状况和排气污染控制装置等。二级维护由有资质的维修企业负责执行，其维护周期按使用说明书和行业要求进行。

在进行车辆二级维护的过程中，驾驶员需要做的工作包括：

（1）驾驶员将车辆送到维修企业后，需要向维修作业人员如实反映车辆的使用情况，如汽车动力性、异响、转向性能、制动性能及燃料、润料消耗等，帮助维修检验人员进行维修作业前的诊断、检测、确定附加作业项目。

（2）完成车辆二级维护作业后，驾驶员应取得维修企业签发的《机动车维修竣工出厂合格证》和《机动车维修记录》。

（3）按照维护竣工标准检验车辆二级维护是否达标。车辆检测、作业项目和竣工标准请参照《汽车维护、检测、诊断技术规范》(GB/T 18344)。

二、车辆备品、工具和消防器材

为应对紧急情况和减少突发事件损失，道路运输车辆上都会配备相关备品、工具和消防器材，道路旅客运输车辆还可配备急救包。了解这些工具和器材的具体作用，并会正确使用，对保证运输安全非常重要。

（一）警告标志

行驶过程中车辆突发故障或发生交通事故，在车后方正确放置警告标志对避免追尾相撞等二次事故具有重要作用。

> 货车驾驶员戴某驾驶一辆中型普通货车在高速公路行驶时，车辆左后轮突然发生爆胎，将车辆停下后，他打开了危险报警闪光灯，却忘记在车后放置警告标志，便下车查看车辆状况。这时一辆旅游客车快速驶来，撞向中型普通货车的后方，造成旅游客车驾驶员轻伤，戴某重伤的严重后果。

车辆在行驶中出现故障停车检修或者发生事故时，在车后方正确放置警告标志至关重要。一般的道路上，警告标志放置在来车方向50m以外；高速公路上应放置在150m以外；特殊情况，如雨天、雾天、夜间和弯道摆放警告标志尤为重要。

（二）三角木

车辆停车时，特别是在坡道上停车时，在车轮下垫放三角木（掩木），可以有效地避免"溜车"。在山区道路停车时，三角木（掩木）更是不可或缺的必备物品。货运车辆装卸货物时，在车轮下垫放三角木（掩木），可以避免因车辆移动导致的场内事故。

（三）安全锤

2011年7·22双层卧铺客车燃烧事故、7·23动车事故，2012年7·21暴雨车辆被淹事故……不断反映出了安全锤的重要性。

安全锤一般放置在车内容易拿到的地方，在发生火灾、落水或车辆倾翻等紧急情况时，方便车内人员敲碎玻璃，逃离车辆。

车辆车窗的钢化玻璃中间部分最牢固，四角和边缘最薄弱。因此，使用安全锤时，应使用尖的一头敲击玻璃的四个角或四条边的中间部位，不应敲击正中位置。道路客货运输车辆安全锤的配备数量见表4-2-1。

表4-2-1 道路客货运输车辆安全锤的配备数量

车辆类型	空调长途卧铺客运车辆	空调客运车辆	其他客运车辆	货车
配备数量	6把	4把	4把	2把

4

（四）车载灭火器

2014年1月10日11时许，长春市南广场附近一辆大客车突然起火，据目击者介绍，驾驶员正在发动车辆时，转向盘下方突然起火。后来大客车车头部燃烧起来，火势越来越大，直至消防官兵抵达现场开展灭火作业后才将大火扑灭。

如果大客车配备了车载灭火器，驾驶员完全可以采用正确的灭火方法将火灾消灭在初期，也就不会造成这些损失了。

车载灭火器是车辆发生火灾时，驾驶员进行灭火，消灭初期火灾的器材，是车辆应急救援的必备物品。道路运输车辆应配备与其相适应的有效的灭火器，灭火器应安装牢靠并便于使用。

驾驶员应每月检查一次灭火器压力，或查看商标上标注的有效期。灭火器失效后可以到消防器材销售部门重新填装使用，并且在测试合格后粘贴标签。

客运车辆可根据客运企业需要多配备灭火器。客车宜配备灭火器的数量及位置见表4-2-2。

表4-2-2　客车宜配备灭火器的数量及位置

车型划分	车长不大于10m的座位客车	车长大于10m的单层座位客车，卧铺客车	双层客车
灭火器数量	2具	3具	4具
灭火器位置	1具靠近驾驶员，1具位于乘客舱中后部	1具靠近驾驶员，1具靠近客舱后部，1具靠近客舱中部	1具靠近驾驶员，1具位于下层中后部，1具位于上层中前部，1具位于上层中后部

（五）急救箱

道路运输车辆可以配备急救箱，以备驾驶员或乘客在晕车、突发疾病或发生事故后开展自救和互救时使用。

模块三	道路运输车辆安全检视

为了保证车辆在道路运输过程中的安全，驾驶员需要对车辆进行行车前、行车中、收车后的安全检视。它是保证行车安全、预防事故的重要措施之一。

一、出车前安全检视

出车前，对车辆进行安全检视的目的是使车辆保持良好的运行状态，避免和减少车辆因机件故障发生交通事故。

驾驶员应按照图4-3-1所列的七个步骤进行车辆检查。

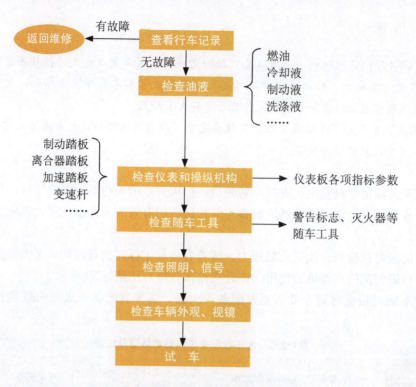

图4-3-1　出车前车辆的检视步骤

检视内容包括：

（1）查看上次行车记录，故障、问题维修记录，保证车辆存在的问题得到有效处理。

（2）检查发动机机油、冷却液、制动液、玻璃清洗液等是否充足，有无渗漏。

（3）启动发动机，检查驾驶室内仪表板各项车辆指标参数，制动踏板、离合器踏板、加速踏板、变速杆等主要操纵机构操控情况。

（4）检查驾驶室内随车工具，如千斤顶、轮胎扳手等。

（5）检查车辆各项灯光、信号灯。

（6）绕车一周，环检车辆前后、左右安全装置状况；清除杂物、覆盖物，清洁玻璃、反光镜。

（7）短距离试车，检查车辆离合器、行车制动器、驻车制动器是否工作正常及转向是否正常。

上述检查步骤中，若发现故障，驾驶员应及时排除；自己无法排除的，应及时将故障车辆送往有相应维修资质的修理厂修理。

二、行车中安全检视

行车中的安全检视是指驾驶员在行车过程中随时借助听觉、嗅觉、触觉和视觉进行的实时检视。驾驶员在行车过程中对车辆的检视项目见表4-3-1。

表4-3-1 行车中的检视项目

项　目	检视内容	技术要求
车辆状况	随时注意车辆运转情况，汽车各部件应无异响及异味，制动、转向、离合、节气门、换挡机构操纵灵活可靠	工作正常
仪表	检查各仪表工作情况，指示不正常时，应停车查清原因	有效、正常
轮胎	驾驶过程中，若发现车轮自动跑偏、车身偏斜等轮胎气压不足现象应立即停车	气压适当

驾驶员还应根据车辆的行驶里程和车辆安全技术状况，停车自检自查，发现不安全因素立即排除；自身无法排除的，要立即求助。停车自检自查内容见表4-3-2。

表4-3-2 停车自检自查内容

项　目	检视内容	技术要求
车身	检查车体结构是否牢固，尤其是货厢栏板锁止机构是否在运输过程中有松动、变形现象；有无漏油、漏液、漏电、漏气等现象	无松动、变形现象；无漏油、漏液、漏电、漏气等现象
轮胎	检查轮胎外表及胎压，经过沙石路面后清除嵌入轮胎花纹中的石子等杂物	气压正常，无杂物
温度	检查轮毂、制动鼓或盘、变速器、分动器、主减速器和差速器的温度	不超过正常值
安全操作机构	检查发动机和底盘的工作情况是否正常；检查转向机构和制动机构各连接部位是否牢靠；检查悬架弹簧及减振器状况等	工作正常
货物装载情况	检查货物的装载是否有偏斜，捆绑装置是否有磨损现象	货物无偏斜、捆绑装置无磨损

三、收车后的安全检视

收车后对车辆进行安全检视的目的是检查车辆在运行后可能出现的问题或故障，及时排除事故隐患，为下一次的安全行车做好准备。收车后的主要检视内容有：

（1）检视车辆有无漏油、漏气、漏水、漏电等现象，若有应及时检修和排除。

（2）检查轮胎的外观及气压情况；检

查双轮夹缝之间是否夹有异物；检查胎面是否有铁钉、玻璃碴等异物。

（3）检查制动系统，排净储气筒内的污水。

（4）检查车身应无裂损现象，各部件应齐全、完好、有效。

（5）对车辆使用过程中及收车后检查出的故障应及时进行报修。

模块四　道路运输车辆知识及使用常识

只有掌握必要的车辆知识和使用常识，才能科学、合理、正确地使用车辆，使汽车尽可能保持良好的技术状态，确保道路运输安全、顺利。下文主要介绍气压制动系统的组成、检查、使用，以及牵引车和（半）挂车的连接、分离方法。

一、气压制动系统的组成、检查和使用

（一）气压制动系统的组成

气压制动系统是利用压缩空气作为动力源，驾驶员通过控制制动踏板的行程，来调整气体压力的大小，获得不同的制动力。气压制动系统被广泛应用在中、重型汽车上。

气压制动系统由很多部件组成，如空气压缩机、调压器、储气筒、油水分离装置、安全阀、制动踏板、制动器、制动气室、仪表、驻车制动器操纵装置、制动控制阀、快放阀和ABS（防抱死制动装置）等，各自的作用和外观见表4-4-1。

表4-4-1　气压制动系统的构成

组成部件名称	作用或工作原理
空气压缩机	空气压缩机通过齿轮或V型皮带与发动机相连，将压缩空气泵入储气筒。空气压缩机可以是风冷式，也可以利用发动机的冷却系统；可以有自己的润滑系统，也可以利用发动机的润滑系统。如果空气压缩机有自己的润滑系统，出车前应检查润滑油液面高度
储气筒	储气筒用来储存压缩空气，储气筒的数量和大小因车而异。储气筒内储存的压缩空气量应在空气压缩机停止工作后，仍能保证制动器正常工作数次
调压器	调压器的作用是控制空气压缩机何时向储气筒泵气。一般来说，当储气筒内的气压升至861.875Kpa（切断压力）时，调压器控制空气压缩机停止泵气，当储气筒内的气压降至689.5Kpa（接通压力）时，调压器控制空气压缩机重新开始泵气
安全阀	安全阀装在和空气压缩机直接相连的第一个储气筒上，作用是防止系统内气压过高。通常在气压为1034.25Kpa时，安全阀会打开。如果安全阀漏气，说明系统中存在故障，应请专业人员修理
制动器	鼓式制动器：由制动鼓、制动蹄和摩擦衬片构成。制动时，制动蹄和摩擦衬片被压向制动鼓内侧，产生摩擦力使车辆减速。 楔式制动器：制动气室推杆将一根楔杆推入两个制动蹄中间，从而使制动蹄分离并接触制动鼓。 盘式制动器：利用盘式摩擦副阻力矩制动

组成部件名称	作用或工作原理
制动气室	制动气室安装在车轮制动器旁，当压缩空气进入制动气室时，推动制动气室的膜片移动，从而控制车轮制动器实现制动
制动踏板	踩下制动踏板，制动器开始制动，用力越大，气压越大，制动力越大；放松制动踏板，气压减小，制动力降低。放松制动踏板时，压缩空气从系统中排出，储气筒的气压降低，空气压缩机会重新泵入空气
制动控制阀	在气压制动中，驾驶员踩踏制动踏板时控制的是制动控制阀，由制动控制阀控制进入制动气室的气压
快放阀	其作用是迅速排放制动室中的压缩空气，以便迅速解除制动
油水分离装置	压缩空气中常含有水分和油分，它们会对制动器带来不良影响，例如，天气寒冷时水一旦结冰，很容易造成制动失效。油水自动分离装置可以使水分和油分自动排出，这种装置通常还带有一个加热设备，可以防止因天气寒冷而结冰
仪表	仪表用来显示或提示与制动相关的压力、故障等情况。气压制动系统中有不同类型的仪表，如供应气压表、应用气压表、低压报警器、刹车灯开关、前制动限压阀
驻车制动器操纵装置	顾名思义，其用来操纵驻车制动器。大多数车型为操纵杆，新车型的驻车制动器操纵装置是一个黄色菱形按钮，拔出按钮，实施驻车制动；按进按钮，解除驻车制动
ABS	通过安装在车轮上的传感器发出车轮将被抱死的信号，控制器指令调节器降低该车轮制动缸的油压，减小制动力矩，经一定时间后，再恢复原有的油压，这样不断循环，始终使车轮处于转动状态而又有最大的制动力矩

（二）气压制动系统的检查

气压制动系统在使用过程中，由于机件磨损或损坏，制动性能会下降，甚至丧失制动能力，危及行车安全，因此要做好相应检查。

启动发动机，使其在75%的额定功率转速下运转，观察气压表，6min内气压表的指示气压应从零开始升至起步气压（未标起步气压的，按400kPa计）。

在气压升至600kPa且不使用制动的情况下，停止空气压缩机运转3min后，观察气压的降低值是否低于10kPa；在气压为600kPa时，将制动踏板踩到底，待气压稳定后观察3min，看气压的降低值是否低于30kPa。

（三）气压制动系统的操作

1. 正常停车

正常停车时，以适当力度踩下制动踏板，让车辆安全、平稳地停下。对于手动挡的车辆，在发动机转速接近空转之前不要踩离合器踏板。

2. ABS辅助停车

ABS只是常规制动系统的辅助，它不能提升或降低车辆的制动能力。装有ABS的车辆停车时，只需要按部就班地操作，踩下制动踏板的力度以足够让车辆安全停下为宜，不要过于用力。随着车速的降低，注意观察车辆的状态，必要时可以在安全的前提下适当减轻踩踏力度，以免失控。

知识扩展

关于ABS的使用方式和注意事项

没有安装ABS的汽车，在行驶中如果用力踩下制动踏板，车轮转速会急速降低，当制动力超过车轮与地面的摩擦力时，车轮就会被抱死，车轮抱死会使轮胎与地面的摩擦力下降，如果前轮被抱死，驾驶员就无法控制车辆的行驶方向，如果后轮被抱死，就极容易出现侧滑现象。

在遇到紧急情况时，制动踏板一定要踩到底，才能激活ABS，这时制动踏板会有一些抖动，有时还会有一些声音，但也不能松开，这表明ABS开始起作用了。

ABS不能：

（1）让你开得更快、更随意，或者跟车更近。

（2）避免驱动轮侧滑或转向侧滑。ABS可以避免制动引起的侧滑或甩尾，不能避免因驱动轮打滑或转弯时车速过快而引起的侧滑。

（3）缩短停车距离。ABS可以帮助控制车辆，但不一定能缩短停车距离。

（4）提高或降低制动力。ABS是常规制动的辅助，不能代替常规制动系统。

（5）改变正常制动操作。正常情况下制动时，车辆会如常慢慢停下，ABS只在车轮因制动过度而抱死时起作用。

（6）补偿制动故障或制动维护不良。

根据最新颁布的《机动车运行安全技术条件》（GB 7258），车长大于9m的公路客车、旅游客车和未设置乘客站立区的公共汽车，所有专用校车、危险货物运输车和半挂牵引车，总质量大于等于12000kg的货车和专项作业车及总质量大于10000kg的挂车应安装符合《机动车和挂车防抱制动性能和试验方法》（GB/T 13594）规定的防抱死制动装置。

3. 未安装ABS的车辆紧急停车

当出现紧急情况时，驾驶员大都会采取紧急制动措施，但对于未安装ABS系统的车辆来说，紧急制动很可能使车轮发生抱死，从而引发车辆侧滑等危险情况。因此，驾驶未安装ABS系统的车辆，在紧急情况下驾驶员应掌握正确的制动方式：

（1）控刹技术：在车轮不抱死的前提下踩下制动踏板，这期间可以小幅度调整转向盘；如果需要大幅转动转向盘，或车轮发生了抱死，需要放松制动踏板；做好调整后尽快重新踩下制动踏板。

（2）点刹技术：踩下制动踏板；车轮抱死时，放松制动踏板；车轮重新开始滚动后，再次踩下制动踏板（从放松制动踏板到车轮恢复滚动可能需要1s的时间，如果在车轮恢复滚动前踩下了制动踏板，可能导致车辆失控）。

紧急停车并不意味着要猛踩制动踏板，那样只会使未安装ABS的车辆车轮抱死，从而导致侧滑。一旦发生侧滑，驾驶员将无法控制车辆。

4.制动延时距离

气压制动系统制动时会有一定的延迟，即踩下制动踏板后，系统需要经过一定时间才开始制动。因为对气压制动系统来说，压缩空气需要从储气筒经管路流向制动器，所以需要经过0.5s或更长的时间后才能产生制动力。例如，车速为88km/h时，干燥路面的制动延时距离约为12m。

5.制动衰退和失效

频繁使用制动容易导致制动器过热，制动器过热容易引发制动衰退，制动衰退变严重后，会导致制动力完全丧失。

制动器调整不当也会引发制动衰退。调整不当的制动器在制动时会导致制动力分配不均，承受制动力较多的制动器会因过热而衰退。车辆还可能会因制动力不均而发生翻车事故。因此，应经常检查制动器的调整是否得当。

6.驻车制动的使用

在制动器过热，或天气寒冷且制动器湿润时，不要使用驻车制动。前者可能导致制动器热损坏，后者可能导致制动器结冰。制动器过热时，应使用三角木固定车辆，等待制动器降温。制动器湿润时，应轻踩制动踏板，蒸干里面的水分。如果储气筒没有油水自动分离装置，每天收车后应手动放出储气筒内的油分和水分。

驻车制动未起作用或三角木未垫好之前，驾驶员不要离开车辆，以防车辆出现滑动，造成意外事故。

二、牵引车和（半）挂车的连接、分离方法

（一）连接

牵引车在连接半挂车的过程中，要注意牵引车和半挂车各个方面的连接，主要是牵引座与牵引销的连接和电气管、线路的连接。

1.牵引座与牵引销的连接

（1）检查连接装置是否可靠，有无受损。

（2）检查牵引座表面是否有足够的润滑油脂，保证牵引滑板的清洁。

（3）调整支腿，使半挂车牵引滑板与牵引座高度相适应，一般以半挂车牵引滑板比牵引车牵引座的上平面中心位置低1~3cm为准。

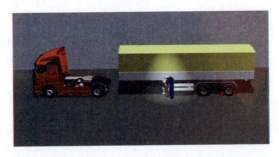

（4）操纵牵引座锁止机构，使锁止块张开，呈自由状态。

（5）将牵引车倒至半挂车前端，使牵引车与半挂车中心线处于同一直线；当牵引

座口对准牵引销后，继续缓慢倒车，听到"咔哒"声响，锁止块回位，停止倒车。

（6）检查牵引座锁止块与牵引销间锁止是否牢靠。

（7）稍微前进牵引车，检查连接情况是否良好。

2. 电气路连接

（1）将牵引车上的两个气管接头分别接在半挂车上的两个气管接头上，连接时同色相连接。

（2）气管连接完成后，拧开牵引车上的气路连接分离开关，使其处于通气状态。

（3）启动发动机，观察气压表，将牵引车和半挂车储气筒内压力提高到规定的压力。

（4）检查气路有无漏气，制动系统是否正常工作。

（5）将牵引车的电缆连接插头插入半挂车前端的七孔插座中。

（6）检查各电极接合是否良好，确认各车灯工作正常。

（二）分离

分离前，应选择平坦坚实的地面停车。分离时，操作步骤如下。

（1）检查半挂车制动是否有效。

（2）操纵半挂车支腿，使底座落地；旋转摇把，使半挂车牵引滑板抬起一定间隙，以便退出牵引车。

（3）关闭牵引车上的气路连接分离开关，卸下牵引车的供气和控制管路接头。

（4）从半挂车的电缆连接插座上拔下电缆插头并放置到牵引车上。

（5）操纵牵引座锁止机构，使锁止块张开。

（6）缓慢向前开出牵引车，使牵引座与牵引销脱离。

（7）长时间停车时，应操纵驻车制动阀，启用制动分泵的弹簧储能制动。

（8）分离后检查半挂车各部有无异常，松开储气筒下部的放水阀，排出筒内积水。

 单元问答

1. 您认为道路运输车辆动态监控系统对安全行车有哪些重要作用？
2. 如何正确使用和维护气压制动系统？

单元五 道路运输行车危险源辨识

⬤ 学习目标

道路旅客运输驾驶员：掌握道路旅客运输行车危险源辨识的基本概念，能正确地辨识道路旅客运输过程中的危险源。

道路货物运输驾驶员：掌握道路货物运输行车危险源辨识的基本概念，能正确地辨识出道路货物运输过程中的危险源。

　　任何事故的发生都有其原因，系统安全理论认为，危险源的存在是事故发生的根本原因，防止道路交通事故就是消除、控制道路交通系统中的危险源。驾驶员了解危险源的知识，掌握行车中危险源的辨识方法，可以更有效地避免道路交通事故。

模块一　　驾驶员、其他交通参与者的不安全行为

　　道路运输过程中，人员方面的危险因素一般包括驾驶员性格和心理缺陷、生理异常，驾驶过程中违规驾驶、错误操作、注意力分散及其他交通参与者的不安全行为等。此处，我们将这类与人有关的危险源统一称为道路运输过程中人的不安全行为。

一、驾驶员性格、心理缺陷

　　事故案例：2012年10月11日15时许，四川省省道106线499km+300m处发生一起交通事故，一辆从眉山开往泸州的客车与一辆摩托车发生刮擦后翻车坠崖，造成2人死亡，15人轻伤。

客车驾驶员王某属于情绪型性格，性情急躁，当快车道被一辆货车霸占时，他便想从右侧慢车道超车。当时慢车道上有一辆摩托车，客车开到慢车道后，距离前面的摩托车只有5～6米的距离。在不符合超车条件的情况下，王某没有紧急制动，直接将摩托车撞飞，客车撞到右侧防护栏后翻下山崖。

驾驶员的性格、心理缺陷主要表现为驾驶员个性存在缺点，如易激动、急躁、懒惰、侥幸心理、自负、自卑、马虎大意等，这些因素容易使驾驶员出现危险的驾驶行为，酿成事故。驾驶员许多违规驾驶、操作错误、注意力分散等不安全行为都与其本身的个性缺陷有着或多或少的联系。因此，驾驶员弥补缺陷、克服缺点，对于安全行车至关重要。

二、驾驶员生理异常

事故案例： 2011年8月9日14时30分，覃某驾驶一辆中型普通客车（核载18人，实载26人），由柳城县古砦仫佬族自治乡的龙美街往独山村方向行驶。客车行驶至一上坡路段时，因车辆发生后溜，并向左侧山崖翻车，向下坠落54m，造成8人死亡、多人受伤。

覃某酒后驾车，行动、思维迟缓，在车辆制动失效的情况下，未能及时采取有效的应急处置措施。根据酒后驾车、超载和驾驶车辆制动不良等情形，交警部门认定覃某负事故全部责任，其行为已构成交通肇事罪，被判处有期徒刑6年零6个月。

驾驶员生理异常主要表现为疾病、药物不良反应、疲劳、饮酒后不适等，每年因驾驶员生理异常引发的交通事故时有发生。驾驶员生理异常危险源辨识见表5-1-1。

表5-1-1　危险源——驾驶员生理异常

危险源分类	危险源	具体表现	图　例
驾驶员生理异常	疲劳	- 长时间工作使驾驶员出现瞌睡、注意力不集中、反应变慢等疲劳状态，容易使驾驶员无意识操作和误操作，甚至昏睡	
	药物不良反应	- 驾驶员服用某些药物后出现反应迟钝、嗜睡、兴奋等不良反应，不利于安全行车，易引发事故	
	疾病	- 驾驶员在行车过程中出现心脏病、脑淤血、耳病、头痛头晕、急性肠胃炎等疾病，失去对车辆的操控能力，易引发事故	
	饮酒后行动、思维迟缓	- 驾驶员饮酒后上路驾驶，因眩晕、恶心、反应迟钝等原因对路况的观察和判断能力减弱而导致事故	

三、驾驶员违规驾驶

事故案例：2011年10月7日15时45分许，滨保高速公路天津市境内发生一起特别重大道路交通事故，造成35人死亡、19人受伤，直接经济损失3447.15万元。

国务院事故调查报告指出，在大客车驾驶员云某超速行驶、措施不当、疲劳驾驶三项交通违法行为的共同作用下，大客车与小轿车发生擦撞并侧翻，是发生事故的主要原因；小轿车驾驶员袁某在超越大客车时车速控制不当，两次左右调整方向，未按照操作规范安全驾驶，也是发生事故的原因。

驾驶员违规驾驶是指驾驶员违反《道路交通安全法》及相关法律法规规定，选择有潜在风险的驾驶行为，主要特征为一般性违规和攻击性、报复性违规。具体见表5-1-2。

表5-1-2　危险源——驾驶员违规驾驶

危险源分类	危险源	具体表现	图例
驾驶员违规驾驶	一般性违规，不指向他人	- 为了赶时间，驾驶员抢黄灯通过路口； - 驾驶员逆行、违法停车、超速行驶、酒后驾驶、违法倒车、违法掉头、违法会车、违法牵引、违法装载、货车超载、客车超员等	
	违规行为指向他人，具有攻击性、报复性	- 故意和前面车辆靠得很近，以示意前面的驾驶员提高车速或赶紧让路； - 对于妨碍自己行驶的车辆，如行驶缓慢或"加塞车辆"感到非常气愤，使劲按喇叭、爆粗口表示不满，甚至故意超车后紧急制动； - 强行超车； - 强行变更车道	

四、驾驶员操作错误

事故案例：2013年2月1日22时许，一辆运送返乡务工人员、从河北省廊坊市出发、开往甘肃庆阳市宁县的客车（核载47人，实载54人）在宁县城郊坠入山沟起火，造成18人死亡，32人受伤。

客车是在途经宁县县城东山弯道时驶出弯道外侧，将钢质波形防护栏冲撞变形后撞断水泥桩坠入坡下林地的。交警部门认定，冯某驾驶大型普通客车夜间在山区三级公路通行，行经下坡急弯路段操作不当，致车辆驶出路外，属单方全责事故。

5

驾驶员操作错误主要包括危险性错误和无危害性错误。危险性错误是指容易直接造成交通事故的行为，无危害性错误是指错误行为在当前一般不会直接导致交通事故的行为。无危害性错误对安全行车有很大的影响，例如，一位驾驶员想去A地，却在A地与B地的交叉口错误地驶向了B地，驾驶员发现这一情况后，为了尽快赶到A地常常选择超速驾驶，给安全行车埋下了隐患。驾驶员操作错误危险源辨识见表5-1-3。

表5-1-3 危险源——驾驶员操作错误

危险源分类	危险源	具 体 表 现	图 例
驾驶员操作错误	危险性错误，如：操作不当、操作失误	- 在湿滑的路面上紧急制动，或车辆侧滑时紧急制动，急打转向盘； - 有紧急情况时，错把加速踏板当制动踏板； - 变更车道，没有观察后视镜； - 由主路驶入辅路时，没有注意视觉盲区内的行人、非机动车； - 转弯时，未注意车辆内外轮差，车轮落入边沟等	
	（短期）无危害性错误	- 分道口行驶路线选择错误等	

五、驾驶员注意力分散

事故案例：2013年11月6日7时许，沈海高速厦门集美路段，一辆从广东东莞开往莆田方向的大客车与一辆因故障停在路上的拖头车碰撞，事故造成大客车上2名乘客受伤，另有10多人被汽车玻璃轻微擦伤。

驾驶员黎某在行车过程中欣赏道路两侧的房子，分散了注意力，没有发现前面停着的拖头车，直至两车即将相撞，乘客大声提醒，黎某才回过神来，意识到情况危险，但已躲避不及。

在行车过程中，驾驶员要不断地观察和处理外界信息，集中注意力非常重要。行驶速度为90km/h的车辆1s可以驶出25m。所以，即使几秒的注意力分散也非常容易引发交通事故。

驾驶员注意力分散诱发原因分为主观原因和客观原因。主观原因注意力分散是由驾驶员自身不安全驾驶行为引起的；受外界事物和环境影响引起的注意力分散称为客观原因注意力分散。驾驶员注意力分散危险源辨识见表5-1-4。

表5-1-4　危险源——驾驶员注意力分散

危险源分类	危险源	具体表现	图例
驾驶员注意力分散	主观原因	- 驾驶员在驾驶过程中打电话、走神、与人热烈交谈、观察其他交通事故或者过度关注新奇事物等	
	客观原因	- 高速公路环境单一，驾驶员注意力无法持续集中等	

六、其他交通参与者的不安全行为

事故案例：2013年3月12日19时许，一辆双层卧铺车途经湖北荆州长江大桥时，因避让一辆逆行的摩托车而冲破大桥护栏掉落江滩，造成14人死亡，8人受伤。

　　导致客车坠桥的原因有三：一是摩托车驾驶员违规由收费通道进入高速公路，并逆向行驶；二是卧铺车正前方突然出现逆行摩托车时，驾驶员应急处理不当；三是荆州长江大桥由城市大桥转变为高速大桥后，未改装升级，且防护栏安装不合格。

　　在道路运输过程中，其他交通参与者的不安全行为同样是引发事故的重要危险源，驾驶员稍有疏忽便有可能导致严重的交通事故。具体见表5-1-5。

表5-1-5　危险源——其他交通参与者的不安全行为

危险源分类	危险源	具体表现	图例
其他交通参与者的不安全行为	违反通行规则	- 其他机动车驾驶员逆向行驶、违规占道行驶、违法超车、超速行驶、酒后驾驶等； - 行人、骑自行车人、骑电动车人不按交通信号灯通行、逆向行驶、违规占用机动车道行驶等； - 竞技驾驶等	
	行为不自知、不自觉	- 老年人行动迟缓，行走时不注意观察路况，遇到危险情况来不及躲避； - 儿童行为不自知，不具备道路安全意识，嬉戏打闹、闯入道路； - 其他交通参与者在经过路口时，忽视危险，突然出现； - 行人打伞，遮挡住视线，不顾及周围车辆等	
	专注于其他事物	- 行人边走边交谈、打电话或听音乐，忽视车辆靠近； - 路面施工人员专注于施工工作； - 道路维护人员专注于清理道路工作等	

驾驶员行车六忌

一忌患病上道路，二忌分散注意力；
三忌操作犯错误，四忌心急发脾气；
五忌饮酒强驾驶，六忌侥幸又大意。

模块二　车辆、行李物品及货物的不安全因素

道路运输过程中，车辆、行李物品及货物也是不安全因素，主要表现在车辆本身特点引发的行车不安全因素，车辆结构、技术状况的不安全状态及车内物品、车载货物存在的危险三个方面的内容。

一、车辆本身特点的不安全因素

> **事故案例：** 2013年10月15日中午，广西省钦州市钦州港果鹰大道电厂路口发生一起运水泥大货车与摩托车相撞事故，摩托车驾驶员头部遭大货车碾压，当场死亡。
>
> 这是一起典型的因货车存在视觉盲区而引发的事故。当大货车行驶至该交叉路口时，驾驶员提前100m开启右转向灯，然后开始向右行驶，此时视野范围内没有任何车辆行驶。当他听到车底下传来金属刮地的声音时，以为是车身左侧防护栏掉落刮到地面，于是紧急制动并下车查看，这才发现事故已然发生。

道路运输车辆本身结构、行驶特点等与其他机动车存在很大差异，如果驾驶员不了解这些差异，不注意这些差异性和特殊性给运输安全带来的风险，交通事故便很有可能发生。具体见表5-2-1。

表5-2-1　危险源——车辆本身特点的行车不安全因素

危险源分类	危险源	具体表现	图　例
结构存在风险	车体庞大（车身较长、较宽、较高），满载总质量较大	- 转弯、倒车、停车、超车等占用多车道； - 重心高、容易侧翻； - 遇软路肩、危桥，易压垮道路设施	
	车辆存在视觉盲区	- 驾驶员看不到盲区内行人、其他机动车等	

危险源分类	危险源	具体表现	图　例
行驶特点存在风险	与其他车辆之间存在速度差	- 高速公路小客车与大货车、大客车的设计车速及限制行驶车速不同，存在绝对速度差，迫使其他车辆频繁变更车道、超车，风险亦加大	
	内外轮差大	- 转弯时碰撞、刮擦内侧行人、其他车辆等	
	加速性能差	- 加速慢，被后车追尾	
	惯性大、制动距离长	- 前方有紧急情况，不能及时减速停车	

二、车辆技术状况的不安全状态

事故案例：2012年8月19日，罗某驾驶一辆重型半挂牵引车牵引另一辆半挂车，由东向西行驶至青兰高速公路榆中县和平镇柳沟河收费站出口时，发现前方因道路塌陷抢修，排队停着很多从柳沟河费站驶出高速公路的车辆，在罗某准备制动停车时，车辆突然失控撞上一辆中型货车，紧接着又撞上另外10辆车，最后推着一辆白色越野车冲下了四五米深的路基。此次事故造成白色越野车内5人死亡、1人受伤，并致其他车辆内数人受伤、12辆车受损。

交警部门认定，罗某驾驶制动性能不符合《机动车运行安全技术条件》相关要求并超载的车辆上路行驶，未认真检查车况，遇紧急情况采取措施不当，应承担事故的全部责任。法院依法判决罗某犯交通肇事罪，判处有期徒刑6年零10个月，赔偿死亡赔偿金等各项损失近200万元。

车辆技术状况的不安全状态主要包括车辆技术状况不良和安全装置失效。具体见表5-2-2和表5-2-3。

表5-2-2　危险源——车辆技术状况不良

危险源分类	危险源	具体表现	图　例
技术状况不良	制动劣化或失效	- 不能及时制动，或车辆失控	
	转向不良或失效	- 不能按意图转向	

危险源分类	危险源	具体表现	图例
技术状况不良	照明、信号装置故障	- 前照灯损坏，照明受到影响，夜间时驾驶员无法观察路况； - 转向灯不亮，转向意图不能传递等	
	侧向稳定性差	- 车辆在横向坡道行驶，或进行超车、转弯等操作时，易发生侧滑或侧翻	
	车辆悬挂、减振系统缺陷	- 车辆经过坑洼路面时，颠簸严重，使驾驶员或乘客感觉不适，还可能使装载的货物掉落	
	车速表故障	- 驾驶员不能准确掌握行驶速度	
	轮胎磨损严重、有裂纹或扎入杂物	- 车辆在行驶过程中行驶附着力不够，制动距离延长； - 易发生爆胎等	
	发动机故障	- 车辆无法启动； - 车辆抛锚、应急停车影响其他车辆通行 - 车辆中途熄火，无法正常操控	

5

表5-2-3 危险源——车辆的安全装置失效

危险源分类	危险源	具体表现	图　　例
主动安全装置失效	视镜损坏	- 视镜损坏，驾驶员观察道路交通情况受到影响	
	刮水器失效	- 雨雪天刮水器无法使用，视线受影响	
	喇叭失效	- 喇叭不响，其他驾驶员或交通参与者听不到车辆靠近的信号	
	遮阳板掉落	- 驾驶员眼睛被太阳光直射，影响观察	
	防抱死制动系统（ABS）等安全装置失效	- 车轮抱死、车辆侧滑	
被动安全装置失效	安全气囊损坏	- 车辆发生碰撞等事故时，安全气囊不能弹出，驾驶员头部直接撞到转向盘或前风窗玻璃上	
	安全带损坏	- 车辆发生碰撞等事故时，无法束缚驾驶员或乘客，致使他们飞出车外	
	保险杠损坏	- 发生碰撞事故，无法吸收、缓和外界冲击力、防护车体	

危险源分类	危险源	具体表现	图　例
被动安全装置失效	座椅安全头枕损坏或掉落	－紧急制动或车辆发生事故时，驾驶员头部得不到保护，颈椎易受伤害	
	风窗玻璃损坏	－影响驾驶员视野，易使驾驶员受伤	
	灭火器、警告标志、安全锤、应急门开关等损坏或缺失	－出现紧急情况，无法及时有效处置	

三、行李物品、车载货物的不安全因素

　　事故案例：2012年8月24日，哈尔滨阳明滩大桥发生断裂坍塌，正在行驶的4辆货车从空中摔下路面，造成3人死亡，5人受伤。

　　哈尔滨事故调查公布最终报告，主要原因是货车严重超限超载，清华大学桥梁专家表示，从现场情况判断，当时桥上4辆货车已超出该段桥梁设计载重的数倍，塌桥与货车严重超重有关。

　　行车过程中，乘客所携带的行李物品、货车装载的货物等，如果摆放和装载的位置、方法不合适，或者超载运输，会对车内人员人身安全及行车安全带来一定风险。除此之外，车中湿滑的地板、破损的座椅等也可能对人的安全构成威胁。具体见表5-2-4。

表5-2-4　危险源——车内物品的不安全因素

危险源分类	危险源	具体表现	图　例
（客车）行李物品存在危险	乘客行李、随身物品存在危险或摆放方式和位置不合适	－乘客携带危险物品上车，未被发现，易产生危险后果； －放在行李架上的物品掉落，砸伤乘客； －放置在椅子下的行李部分露出，绊倒乘客等	

危险源分类	危险源	具 体 表 现	图 例
（货车）货物装载存在危险	装载的货物重心过高	－ 使车辆稳定性降低，转弯时车辆易侧翻	
	货物偏载（过于靠前、靠后，过于偏离纵向中心线等）		
	超载	－ 车辆负荷过大，转弯、下长坡时使车辆制动失效； － 车辆负荷过大，易引发爆胎、传动轴断裂、钢板弹簧断裂等车辆结构损坏，引发事故； － 车辆负荷过重，导致路面损毁、桥梁垮塌等	
其他	客车地板、台阶湿滑	－ 客车刚刚经过清洁或雨雪天致使车内地板、上下车台阶湿滑，使乘客摔倒	
	座椅损坏	－ 座椅损坏后露出尖锐金属架，碰伤驾驶员或乘客； － 座椅扶手损坏或缺失，不能保护乘客	

模块三 道路的不安全因素

　　道路的不安全因素主要包括典型道路的不安全因素、特殊道路的不安全因素及路面通行条件不良。

一、典型道路的不安全因素

　　事故案例： 2011年10月1日8时，熊某驾驶一辆大客车（实载35人）从荆州城区出发，前往神农架。14时40分，行驶至兴山县峡口镇白鹤村（312省道129km+650m处）时，因雨天路滑，车辆失控顺滑至道路左侧，撞毁道路左侧波形钢护栏后驶出有效路面，坠入路外深坎下，沿斜坡翻滚后沉于三峡水库香溪河中，造成16人死亡，19人受伤。

　　大客车左后轮胎胎面磨损严重，不符合《机动车运行安全技术条件》的要求，存在诱发车辆侧滑的安全隐患。驾驶员熊某长期在平原道路行车，没有山区道路驾驶经验，车辆在容易发生危险的路段行驶时，未按照山区道路安全操作规范行驶，导致事故发生。

从事长途运输或在山区运输的驾驶员经常在高速公路、山区道路等典型道路上行车。高速公路行车速度高，山区道路弯多、坡长等特点，会影响行车安全。因此，驾驶员应了解其中的危险因素。具体见表5-3-1。

表5-3-1　危险源——典型道路的不安全因素

危险源分类	危险源	具体表现	图　例
山区道路	连续上下坡	- 车辆连续下坡转弯，频繁制动，易导致制动失效； - 车辆上长坡，使发动机温度过高，或换挡不当，引起发动机熄火或溜车	
	路窄弯急	- 山体遮挡，无法全面观察来车情况； - 行车速度控制不合适，车辆驶出路外； - 超车、会车危险性大等	
	安全防护设施不完善	- 道路安全防护设施不完善，车辆易冲出道路	
	山体滑坡	- 阻挡道路或直接造成事故	
	云雾缭绕	- 秋冬季节或高海拔山路常有云雾，视线受影响，无法观察路况	
高速公路	相对封闭、控制出入、单向行驶、无平面交叉、路况好、车速高、车流量大	- 速度高，制动停车距离长，易发生连环撞车事故； - 车辆在高速公路上长时间高速行驶，驾驶员极易疲劳，车辆性能也易发生变化； - 长时间在高速公路上驾驶，驾驶员对速度的感知能力下降，易超速行驶； - 客货车辆重心较高，速度快，遇突发情况极易侧滑、侧翻； - 平直路面在阳光照射下易产生"水面"效应，对安全行车产生干扰	

二、特殊路段的不安全因素

事故案例：2013年2月8日8时12分许，G15沈海高速公路台州往宁波方向宁海兔溪大桥处发生一起五车追尾事故，造成1人死亡，1人受伤。

事故是由一辆海鲜运输车超车后，撞上一辆运送蔬菜的大货车所引起。由于雪天路滑，海鲜运输车超车后追尾了运送蔬菜的大货车，随后后方行驶的三辆货车也先后撞上了海鲜运输车。海鲜运输车驾驶员因伤势过重抢救无效死亡，车内另外1人因撞击严重造成肾受伤。

交叉路口、隧道、桥梁、城乡结合部及临时修建道路等特殊路段的外观、构造及特征与一般路段有很大差异，车辆经过时容易出现事故，驾驶员必须提高警惕。特殊路段的危险源辨识见表5-3-2。

表5-3-2　危险源——特殊路段的不安全因素

危险源分类	危险源	具体表现	图　例
临时修建道路	建设等级较低、压实度低，沉降不足、平整度差	- 车辆易倾翻、沉陷	
	周边地形复杂及交通情况混乱	- 畜力车、人力车、低速汽车、摩托车等频繁出现，带来风险； - 无道路交通标志标线，车辆、行人随意行走，带来风险	
交叉路口	车辆、行人汇集，交通流量大，行驶轨迹交叉	- 驾驶员应接不暇，忽视盲区，易碰撞、刮擦交叉路口其他车辆、行人等	
隧道	长隧道内照明差，可见度低	- 驾驶员未开启前照灯、车辆抛锚易引发碰撞事故	
	隧道较窄、限制高度	- 驾驶员强行超车，易引发撞车事故； - 超高货车易碰撞出入口	
	隧道口结冰	- 车辆容易失控，发生侧滑	
	隧道出入口明暗变化	- 驾驶员出现短暂"失明"，无法观察道路信息	
	出口横风	- 影响驾驶员对车辆的操控	

5

危险源分类	危险源	具 体 表 现	图 例
立交桥、环岛	方向多、出口多、车流量大	- 易迷失方向、选择错误道路； - 错过出入口	
桥涵	路宽限制	- 车流量大或路面情况不良（如湿滑、结冰等），车辆易驶出桥面，坠落桥下等	
	限制轴重	- 重载大型车辆载重超过限制，使桥梁垮塌	
	横风影响	- 较大横风影响车辆的正常行驶轨迹	
路旁有高大建筑、树木的道路	驾驶员视线被遮挡	- 驾驶员容易忽略路口拐入的车辆、闯入的行车或骑车人，易发生碰撞事故	
	交通信号灯、标志等被遮挡	- 驾驶员未注意到被遮挡的信号灯，误闯红灯； - 驾驶员未注意到被遮挡的标志，发生危险	
城乡结合部路段	各种交通工具汇聚，人车混杂	- 三轮车、畜力车、骑车人、行人多，驾驶员无力全面观察，易发生碰撞、刮擦事故	
	交通安全设施不完善	- 交通信号、标志标线缺乏或毁损，通行无指示，易发生碰撞等事故	
	临时市场占道经营	- 买卖双方不注意来往车辆	
	交通参与者安全意识差	- 交通参与者不懂交通规则，或没有遵守交通规则的习惯，给安全行车带来威胁	

模块四　夜间、特殊天气及自然灾害的不安全因素

　　夜间、特殊天气及自然灾害等特殊环境改变了车辆的正常行车环境，危险性很高，易引发事故。驾驶员要充分了解这些危险源的特点及风险。

一、夜间的不安全因素

事故案例： 2013年9月15日晚，张某驾驶货车往返于北京大兴区与王府井一建筑工地之间运送渣土。当其第三次从大兴出发时，已经是第二天凌晨2点多。就在从大兴前往王府井工地的路上，由于过度疲劳，张某在驾车行驶中打起了瞌睡。

货车失控后直接撞过道路中心隔离带，闯进路边的一个施工工地，接连撞倒7名正在工地内施工的人员，后撞到桥体护栏上才停住。被撞倒的7名工人中4人当场死亡，1人被送到医院抢救无效后死亡，另外2人也被不同程度地撞伤。

经过交警的调查，张某被认定为负事故的全部责任。夜间行车驾驶员极易疲劳，应注意休息，避免引发事故。

道路运输行业每年的重特大道路交通事故中，有30%～50%都发生在夜间。驾驶员必须认识到夜间驾驶环境的特殊性，提高警惕，防止危险发生。具体见表5-4-1。

表5-4-1　危险源——夜间

危险源分类	危险源	具体表现	图　例
夜间	行驶环境黑暗	- 路灯损坏，视线受影响； - 视野范围变小、视距变短； - 会车时，其他车辆开远光灯，产生眩目； - 夜间行驶易疲劳等	

二、特殊天气的不安全因素

事故案例： 2013年2月8日8时12分许，G15沈海高速公路台州往宁波方向宁海凫溪大桥处发生一起五车追尾事故，造成1人死亡，1人受伤。

事故是由一辆海鲜运输车超车后，撞上一辆运送蔬菜的大货车所引起。由于雪天路滑，海鲜运输车超车后追尾了运送蔬菜的大货车，随后后方行驶的三辆货车也先后撞上了海鲜运输车。海鲜运输车驾驶员因伤势过重抢救无效死亡，车内另外1人因撞击严重造成肾受伤。

特殊天气主要包括雨雪天气、大雾天气和高温天气等，特殊天气常常给安全行车带来很大的威胁。雨、雪、雾等恶劣天气条件下行车的事故发生率是晴天的3～4倍。在特殊天气行车，驾驶员应充分了解特殊天气的特点及其存在的风险。特殊天气的危险源辨识见表5-4-2。

表5-4-2　危险源——特殊天气

危险源分类	危险源	具体表现	图　例
雨天	光线昏暗，能见度低	- 视线受影响，无法清晰观察路况	
	常伴有雷电、大风	- 雷电劈倒或大风刮倒路边树木，形成路障或砸中过往车辆	
	路面湿滑、泥泞	- 降雨使得道路塌陷或变得松软，车辆容易陷入； - 车辆发生侧滑； - 使车辆制动距离延长	
	气温低于0℃时，形成冻雨	- 车辆制动距离延长； - 车辆侧滑	
	水网地区路面积水反光	- 远处驶来的车辆误以为是正常道路，容易高速驶入，易发生侧滑	
雪天	视线不良	- 驾驶员视线被影响，无法清晰观察路况	
	路面被积雪覆盖或有融雪	- 车辆启动时，车轮打滑，启动困难； - 车辆行驶过程中易发生侧滑； - 车辆在平坦、两侧无建筑和树木、积雪覆盖的道路行驶，辨识不出分道线、路侧边缘等	
大雾天气	能见度低	- 看不清路况，追尾事故频发，易连环追尾； - 驾驶员长时间雾中驾驶，注意力持续集中，易疲劳等	
高温天气	温度过高	- 驾驶员易疲惫、困倦、脾气暴躁； - 轮胎压力高，易发生爆胎； - 车辆电器元件、（货车）货物易自燃； - 水温过高，损坏发动机； - 制动易失效等	

三、自然灾害的不安全因素

事故案例：2012年8月22日11时许，位于遵义仁怀合马镇茅习公路往习水方向100m处由于山体滑坡引发交通事故，并导致两人被困。当消防官兵到达现场时，只见一辆货车与一辆大客车相撞，大客车的车头已严重变形，车头位置堆满石头，一名被困人员被石头埋压。经过大约30min的紧张救援，被困人员被成功救出，受重伤的驾驶员被送往医院抢救，副驾驶员在救出后经现场医生鉴定确认死亡。

山体滑坡容易导致交通瘫痪，影响车辆正常行驶。当车辆正在山体滑坡处下方行驶时，若躲避不及，易被山石、泥土砸中或掩埋，会导致严重后果。在有山体滑坡危险的路段行车，驾驶员应时刻警惕，提前防范。

我国幅员辽阔，自然灾害频发。驾驶员需要了解自然灾害的特点及可能对道路交通造成的影响，正确应对自然灾害。自然灾害的危险源辨识见表5-4-3。

表5-4-3　危险源——自然灾害

危险源分类	危险源	具体表现	图　例
沙尘暴	风力大	- 被大风吹起的物体易击中车辆； - 使车辆偏离行驶轨迹	
	能见度低	- 飞扬的沙尘阻挡驾驶员视线	
	路面有沙土	- 路面布满沙土，使车辆发生侧滑	
台风	风力能量巨大，常伴有暴雨	- 路边树木、广告牌等被刮倒，易砸中汽车或阻碍交通； - 使车辆偏离行驶轨迹或倾翻	
地震	能量大，破坏性大	- 车辆在行驶过程中突发地震，路面出现裂缝，车辆易掉入裂缝； - 被倒塌的建筑物等砸中，发生撞车等事故	
泥石流、山体滑坡	爆发突然，来势凶猛，破坏力大	- 车辆躲避不及易被泥石掩埋； - 泥石流、山体滑坡使交通瘫痪	
雹灾	来势凶猛，时间短，强度大，常伴有狂风骤雨	- 冰雹、降雨、大风影响视线，地面湿滑，车辆易发生撞车等事故	

道路运输企业安全管理不到位包括哪些方面？

◆安全管理组织机构不健全；

◆安全生产责任制未落实；

◆安全管理规章制度不完善，如驾驶操作规程不完善、不规范，车辆技术管理制度不完善等；

◆驾驶员及企业资质不合格，驾驶员上岗前培训及在岗继续教育不落实；

◆安全投入不足；

◆安全动态监管不落实；

◆应急预案不完善，缺少应急演练；安全防护用品配备不齐全；安全行车日志填写不规范。

 单元问答

1.2012年3月30日12时许，杭州绕城北线一段硬路肩上或躺、或坐着十几个带着血迹的中年男女，任凭瓢泼大雨淋在身上，在他们身后约10m落差的路基上倾斜着一辆大客车，一旁的车道上还横停着一辆大货车。原来，他们是大客车上的乘客，所乘客车在途经绕城公路北线东向西99km处（崇贤互通路段）时，与一辆突然变道且未开启转向灯的大型仓栅式货车发生碰撞，导致大客车冲出路肩，造成1人重伤，多人受伤。

请列举该事例中涉及的危险源。

2.想一想您的主要运输线路上都有哪些危险源？您知道这些危险源可能带来什么样的风险吗？将您的主要行驶路线上的危险源总结成表格形式，以提醒自己注意安全。

案　例

真实行驶线路危险源辨识示范

　　2011年8月31日，陈某驾驶一辆中巴车从北京来广营桥附近驶往神农峪风景区（驾车路线见图5-5-1，蓝色线条），行驶途中，对路途中的危险源进行了辨识。为了方便日后出行，时刻提醒自己这条线路上存在的风险，他返回后在地图上对各个危险源所在的点进行了标识，制成了来广营桥驶往神农峪风景区危险源一览表（见表5-5-1）。

图5-5-1　来广营桥至神农峪风景区路线危险源分布图

表5-5-1　来广营桥至神农峪风景区道路行驶危险源一览表

序号	危险源（路段）	风险信息提示	图　例
1	来广营桥	- 由此驶入高速公路时车流量大，注意避让大客车、大货车； - 汇入主路风险较大	
2	道路工程作业车、土堆	- 工程作业车随时停车，防止追尾； - 防止路边土堆给通行带来扬尘，模糊驾车视线	

序号	危险源（路段）	风险信息提示	图例
3、14	道路维护人员	- 道路维护人员常专注于工作而忽视危险，或缺乏防护措施，注意防止碰撞	
4	京承高速路出入口	- 驶入京承高速公路时不要错过入口，注意汇入主车道风险； - 驶出京承高速路时，不要错过出口； - 注意避让高速驶出、驶入的车辆； - 注意出入路口车辆的急加速、急减速	
5	北七家桥	- 方向多、出口多，注意不要错过出口； - 防止错过出口的车辆倒车、逆向行驶或紧急制动带来的风险	
6	路面遗落物品	- 影响行车安全，发现异物及时减速，辨认异物性质后采取适当的避让措施	
7	上下坡路	- 注意标志标牌，上坡路段货车行驶速度缓慢； - 该路段常发生追尾事故，谨防追尾	
8、16	弯道应急车道故障车	- 故障车驾驶员可能打开车门走出； - 防止碰撞故障车	
9	G101出口	- 去往怀柔方向时不要错过出口； - 注意避让紧急变更车道、驶向出口的车辆	
10、15、22	收费站	- 车速变化，注意提前减速，防止追尾、碰撞事故	

序　号	危险源（路段）	风险信息提示	图　　例
11、13	城乡结合部	- 交通参与者安全意识差，行人、骑车人、三轮车闯红灯现象普遍，注意观察，提前减速和避让	
12	立交桥下穿深槽道路	- 深槽道路雨天常有积水，下水前查清水情，避免车辆熄火，避免车胎被异物扎裂	
17、19	施工道路	- 部分道路封闭，使道路变窄，车行速度急剧变慢，注意防止追尾； - 防止碰撞施工人员	
18	开放环岛	- 易迷失方向和走错出口； - 防止错过出口的车辆倒车、逆向行驶或紧急制动带来的风险	
20	沙峪沟一桥、二桥	- 跨河大桥车流量大，桥面易结冰，避免超车、紧急变更车道导致车辆侧滑坠河	
21	羊山隧道	- 注意出入隧道的明暗适应、横风、冬季路面结冰等对安全行车的影响； - 不要超车，小心会车； - 注意限高标志	
23	窄桥	- 桥面较窄，路况差，注意避让非机动车； - 注意降低车速； - 注意轴重是否超标	
24	山区道路	- 注意连续拐弯及上下坡路风险； - 注意会车、超车风险，注意避让对向超车车辆； - 关注车辆性能变化	

单元六 道路运输防御性驾驶和不安全驾驶习惯纠正

🔘 学习目标

道路旅客运输驾驶员：结合典型案例掌握道路旅客运输防御性驾驶方法；掌握常见的不安全驾驶行为及其产生的主要原因，纠正不安全驾驶的习惯。

道路货物运输驾驶员：结合典型案例掌握道路货物运输防御性驾驶方法；掌握常见的不安全驾驶行为及其产生的主要原因，纠正不安全驾驶的习惯。

许多道路交通事故都是可以避免的，关键是驾驶员是否掌握了有效的预防措施。防御性驾驶可以帮助驾驶员避免主动引起事故和被动卷入事故。此外，驾驶员的驾驶习惯对行车安全也很重要，驾驶员要学会分析判断自身的不安全驾驶行为，并不断进行纠正，改正有碍安全行车的不良驾驶习惯。

模块一 防御性驾驶通则

一、防御性驾驶概念

所谓防御性驾驶，就是指在任何情况下，包括其他交通参与者发生了违规行为的情况下，都能保证生命健康安全、节省时间，避免损失的驾驶方法。

现如今，机动车驾驶员培训、道路运输驾驶员从业资格培训和道路运输驾驶员继续教育等课程都已经添加了防御性驾驶知识，可见其重要价值和作用。防御性驾驶之所以重要，就在于它强调遵守一系列规则，采取一切必要的措施：更全面、有效地观察其他交通参与者、车辆、道路、环境等交通情况，科学分析、理性预测存在的危险因素，进行以安全为目标的行动决策，并据此提前采取预防性操作措施，避免出现紧急情况，防范事故。

知识扩展

1.防御性驾驶与安全驾驶的联系与区别

防御性驾驶和安全驾驶都强调行车中不出事故。安全驾驶，是指在不违背《道路交通安全法》的前提下安全行车，强调道路交通参与者都要遵守法律，保证安全。它注重驾驶结果的安全。防御性驾驶，更多地强调驾驶员在行车过程中要有防御性心理，提前预防道路上的危险因素，并采取稳健措施，保证危险因素不对自己的安全行车构成威胁。它注重驾驶过程的安全。

2.防御性驾驶技术与驾驶技术的本质区别

防御性驾驶技术与驾驶技术在目的、内容、涉及学科、学习起点等各方面都存在本质区别。具体见表6-1-1。

表6-1-1　"防御性驾驶技术"与"驾驶技术"的本质区别

项目 \ 名称	驾驶技术	防御性驾驶技术
目的	传授如何开车	传授如何安全开车
内容	注重机械操作	注重危险源辨识、有效决策、提前行动、预防措施、避免危险
涉及学科	简单机械原理、车辆构造、交通规则	生理学、心理学、安全行为学、安全工程学、机械学
学习起点	毫无驾驶经验	具备较熟练驾驶技能
学习时间	1～3个月	1年以上
形象比喻	取得驾照：小学水准 行车1～3万公里：初中水准 行车>10万公里：高中水准	驾驶员的大学课程

二、防御性驾驶现实意义

如果您对防御性驾驶在实际中的作用还不是非常了解，那也无妨。下文将系统性地讲解防御性驾驶相关知识。先来看一则典型事故案例。

事故案例：2011年8月14日22时，一辆重型自卸车行驶到高速公路一隧道出口处，右后轮发生爆胎，紧急停车。约5min后，一辆中型厢式货车跟随一辆半挂车行驶至该路段。半挂车临近故障车时突然向左变更车道，紧随其后的中型厢式货车躲避不及与故障重型自卸车尾随相撞。

隧道下坡右转弯处，重型自卸车右后轮发生爆胎，停在慢车道。半挂车临近故障车突然向左变道，后方跟随行驶的中型厢式货车与故障车发生追尾。

6

下面我们就来分析一下事故发生的原因。首先，重型自卸车出现故障后，在行车道临时停车，没有在车辆后方设置警告标志；其次，半挂车变更车道时，未提前开启转向灯，没有向后车正确示意行驶意图；再次，中型厢式货车跟车距离过近，速度过快，忽略了半挂车庞大的车体造成的视野盲区，未能提前发现故障车，紧急情况处置不当。可以说，以上三个因素最终导致了事故发生。

接下来，我们从防御性驾驶理念和技术的角度，对这起事故进行分析。具体见表6-1-2。

表6-1-2　防御性驾驶要求与执行情况

防御性驾驶要求		执行情况
防御性驾驶核心理念	安全第一：一切行动以生命健康安全为核心目标，采取积极的预防性措施，避免主动引发事故，不被动卷入事故，实现零事故	未落实
	预见风险：进行积极主动地观察，依据掌握的危险源知识，分析判断、预测存在的行车风险	未落实
	提前应对：采取相对保守的策略，提前采取措施，进行适当的预防、准备，避免紧急情况的出现	未落实
	文明行车：控制不良情绪，避免攻击性驾驶行为，友好对待其他交通参与者	—
防御性驾驶技术	观察与感知：注意观察行车环境，感知存在的危险源	未做到
	分析判断：分析预测行车风险，准确预判险情	未做到
	决策：迅速作出正确决策，如速度决策、安全间距决策、避让决策等	未做到
	操作：果断操作，化解险情，实现安全行车	未做到

由此可见，防御性驾驶的核心是预防，它将"要我这样做"上升为"我要这样做"，是将观察环境、预测险情、提前预防、正确决策、果断操作等进行科学运用的安全驾驶体系，是对现行交通法规的全面诠释和拓展。

三、防御性驾驶重点规则

当驾驶员掌握了如何有效、及时地观察、预测和行动，并逐渐形成良好的驾驶习惯和安全理念时，就可以防止在复杂多变的驾驶环境中发生交通事故。这就意味着驾驶员应当"更加集中注意力，时刻观察和感知潜在危险，尽早识别危险源并做出正确的决策，准确而又迅速地进行驾驶操作"。下面列举一些驾驶员应遵循的防御性驾驶重点规则。见表6-1-3。

防御性驾驶是实践性很强的驾驶操作技术，不是通过一两次课程就能学会的。真正学会防御性驾驶，首先需要思想观念的转变，其次需要掌握防御性驾驶的原理方法；再则需要持续的训练，按照正确的做法，不断强化安全驾驶技术。

表6-1-3　防御性驾驶重点规则

1. 出车前准备	- 提前规划行车路线，了解沿途天气和道路情况； - 做好出车前安全检查； - 提前出发，为行车预留一定时间	4. 安全行车要点	- 系好安全带； - 按限速要求行驶； - 集中注意力——不被手机、影碟机、乘客或其他事情吸引； - 与前车保持足够的间距，避免紧急情况引发事故； - 视野受阻，观察距离受到限制时，减速慢行； - 告诉其他交通参与者自己的驾驶意图； - 适当使用喇叭，引起其他驾驶员注意； - 红灯停，不赶绿灯，不抢黄灯； - 提前采取制动、减速措施，避免出现紧急情况
2. 健康心理情绪的调整	- 集中注意力，专心驾驶； - 容忍意外的堵车、时间延误； - 防止冲动、攻击性行为； - 训练忍耐力，避免烦躁，消除紧张情绪； - 友好面对其他交通参加者		
3. 健康生理状况的准备	- 做好休息计划，连续驾驶2h，停车休息15min； - 每天驾驶时间不超过8h，每天工作时间不超过12h，防止疲劳； - 审视个人的身体健康状况	5. 文明、友好驾驶	- 礼让其他正常并线、超车的车辆； - 不恶意阻塞交通； - 前方出现事故或交通混乱时，保持冷静； - 冷静处理刮擦事故； - 不骂人，不做粗鲁的手势动作，避免引起其他驾驶员反感、愤怒

模块二　不同行驶状态下的防御性驾驶

不同行驶状态主要包括车辆起步、直线行驶、跟车、超车、会车、停车、倒车及掉头等，不同的行驶状态应采取不同的防御性驾驶方法。

一、起步

　　事故案例：某日，张某驾驶客车因抢时间起步时突然加速，车的惯性将乘客刘某甩到车门口台阶上，致使刘某腰部摔伤，前往医院救治后经法医鉴定为伤残10级。刘某以客运合同纠纷将车主张某诉至法院。后经法院庭外调解，双方达成赔偿协议，张某一次性支付刘某赔偿款24000元。

────── **起步防御性驾驶要点** ──────

1. 通用技巧

　　（1）车辆起步前，驾驶员绕车一周，查看车辆周围有无影响车辆正常起步的因素，要特别注意查看车后方和下方。

（2）在确认周边没有影响车辆起步的人或物后，缓慢起步；起步后要汇入车流，应先开启转向灯，并通过后视镜、扭头观察车后方有无来车，在不影响后方来车正常行驶的情况下进入主路；夜间起步时要开启近光灯；雾天起步时，要开启雾灯、后位灯、示廓灯和近光灯。

（3）上坡起步时，注意消除坡道阻力的影响，避免溜车；下坡起步时，随时做好制动的准备。

2. 客车起步

（1）起步前提醒乘客在座位上坐好，不要将头、手伸出窗外；同时提醒车辆周围人员远离车辆。

（2）关好车门再起步，避免未关闭车门起步和正在关闭车门时起步。

（3）确保车内乘客全部坐好后平稳起步。

3. 货车起步

（1）平稳加油，慢起步，避免起步过猛导致货物窜动、撞击。

（2）罐式车辆还应确保灌装软管已拆除，阀门已关闭。

二、直线行驶

> **事故案例：** 2013年12月13日晚上，一辆广西籍大巴车行驶在贵都高速公路上时，驾驶员不仅双手离开转向盘吃零食，而且还弯腰捡拾东西。这一行为带来的后果是：大巴车失去控制，一头撞上高速公路的中央护栏。车辆车头部位严重受损，车上15名乘客（包括2名儿童）都被吓出一身冷汗，驾驶员受伤。

---------- **直线防御性驾驶要点** ----------

（1）驾驶员直线行驶时，应注意道路出入口标志、弯道标志；注意观察左右两边是否有车辆驶入道路，提前减速；随时观察视镜，做好防范风险的准备。

（2）长时间直线行驶很容易造成视觉及身体疲劳。感到疲劳时，驾驶员应尽快将车停靠在安全地段或服务区，放松、活动一下身体或眺望远方舒缓疲劳。

（3）双手应轻松地握稳转向盘，不能同时离开转向盘，不可将一只手伸出窗外或将胳膊支撑在窗边，更不能接打电话、看手机短信、吸烟等。

（4）根据限速规定、周边的交通情况及道路条件等，合理控制车速，保持安全跟车距离。

三、跟车

事故案例：2013年11月27日下午，一辆满载钢化玻璃的货车行驶到上三高速时，因为跟车过近，与前车发生追尾碰撞事故，事故造成货车内3人受伤被卡，而车载钢化玻璃在强烈的撞击力作用之下瞬间震碎，洒满了整个高速路面。

根据货车驾驶员朱某描述，事发前，他驾车跟在一辆快客后方，距离比较近，没曾料想，前车紧急制动，朱某慌乱之下向左转方向避让，结果撞上了快车道内的半挂车。

跟车防御性驾驶要点

（1）根据前车的行驶速度控制好车速，尽量与前车车速保持一致。

（2）选择合适的跟车距离。原则上长度为12m的车辆时速低于64km时，需要4s的跟车距离。车辆长度每增加3m，跟车距离至少增加1s。车速更高时，跟车距离应该在此基础上额外增加1s。

（3）跟车行驶时应尽量避免紧急制动。适当加大跟行小车的安全距离，预防其突然制动或停车。

（4）注意观察前车状态，前车如出现左右摇摆、忽快忽慢等现象时，应意识到前车可能出现故障或驾驶员状态不佳，跟车驾驶员应放慢车速，加大跟车距离，并轻踩制动警示后车。另外，如果前车是大货车，还应注意货物是否偏斜，是否有货物掉落等。

四、超车

事故案例：2013年9月28日中午，在青银高速青岛方向236km+950m处，一辆客车与一辆货车发生追尾，事故造成1人死亡，18人受伤。

一名伤者阐述了他的亲身经历："我坐在客车右边第一排位置，正好看到了整个车祸。驾驶员成功超越了右边的车，车速提上去了，但是超车后发现前面停在超车道上的大货车，当时驾驶员想往右边躲开，但是没来得及，只见车头左边直接撞上了大货车的车尾。"

超车防御性驾驶要点

1.通用技巧

（1）观察有无超车条件。超车前，注意观察前方的交通情况、道路条件和交通标志

6

标线，通过内、外后视镜观察后方、左侧及超车道上的交通情况；无分隔的道路上借道超越前方大型车辆时，要注意观察对向车道的交通状况。

（2）客货车质量较大，加速时间较长、速度提高慢，超车时与其他车辆并行时间长，因此要选择视野开阔、路面状况好的路段超车。

（3）提前警示，果断、安全超车。超车过程中要注意与被超越车辆保持足够的横向安全距离，注意盲区内安全状况。

（4）超越停靠车辆时，要提前减速，注意观察车辆，谨防停靠车辆突然打开车门、突然起步，或者车前有行人穿行。

（5）夜间超车时不要一直用远光灯，在距离被超车辆200m左右时切换成近光灯，便于前车驾驶员更清楚地看清您的车辆，更好地判断两车之间的距离。

2.客车超车

（1）客车超车前变更车道或超车后返回原来车道时，要转向平稳，防止乘客晕车。

（2）超车时，与被超车辆的横向间距要适当加大，避免货物伤及车体和车内乘客。

3.货车超车

（1）货车满载时，速度提高慢，超车时要谨慎，避免长时间占用超车道。

（2）如果前方车辆是一个运输车队，要停止超车，避免超越一辆车后无法返回原车道。

（3）平稳变更车道，防止变更车道时货物甩落和车辆倾翻。

五、会车

事故案例：2013年4月18日21时47分，一辆由广西平南县开往广东中山小榄的大客车与一辆由广东开往贵州的大货车，在211省道平南城区至镇隆镇路段会车时相撞，事故共造成包括2名大客车驾驶员在内的4人死亡，31人受伤。

——— 会车防御性驾驶要点 ———

（1）根据双方车辆及道路情况，提前把右脚从加速踏板移到制动踏板，保证随时制动减速。若条件允许，路面较宽时，可不降速直接交会。

（2）保证车辆与对面来车，同车道的其他车辆、行人和非机动车保持足够的横向安全间距。

（3）尽量选择车少、人稀或者交通流量小，以及路面宽阔的地点会车。

6

（4）弯道会车时，以道路中心线为界，没有划中心线的，以目标的几何中心线为界，保持一定的横向间距，紧靠道路右侧低速行驶。

（5）窄桥、坡道、隧道、涵洞、急转弯处会车，要低速慢行，必要时停车等待，有条件的一方让对方先行。

（6）夜间会车时，要在距对向来车150m处提前改用近光灯。对面来车没有关闭远光灯时，应减速或停车让行。

六、停车

事故案例：2012年7月23日5时许，在329国道慈溪龙山镇东门外村路段，一辆在路边停车准备补胎的货车被后方一辆货车碰撞，导致后车一名乘客当场身亡。据目击者称，停车补胎的货车驾驶员仅在距车约8m的后方放置了三角警示牌。

停车防御性驾驶要点

1. 通用技巧

（1）观察后方和右侧的交通情况，提前开启右转向灯，注意驾驶盲区内的非机动车、行人。

（2）确认停车地点安全后，缓慢向右转动转向盘；注意通过右后视镜观察、判断车身与道路右侧边缘线之间的距离，按顺行方向靠右侧停车，不得逆向停车。

（3）车辆在道路上发生故障，驾驶员应立即开启危险报警闪光灯，将车辆及时移动到不妨碍交通的地方；车辆难以移动时，驾驶员应持续开启危险报警闪光灯，白天在车后50m处放置警告标志（高速公路在150m以外放置警告标志）；夜间还应同时开启示廓灯和后位灯，并在车后50~100m处设置警告标志，必要时迅速报警。

（4）夜间及遇雨、雾、雪等天气条件或车辆发生故障需临时停车时，应关闭前照灯，并开启危险报警闪光灯、后位灯和示廓灯。

（5）避免在交叉路口、铁路道口、急转弯、宽度不足4m的窄路、桥梁、陡坡、隧道及距离上述地点50m以内的路段停车。因某些原因不得不在上述路段停车时，驾驶员应立即开启危险报警闪光灯，并在适当位置放置警告标志（弯道需要在车辆后部及弯道直线段放置两个警告标志），提示其他车辆驾驶员注意危险、减速慢行。

2. 客车停车

（1）注意观察等待上车的乘客的动向，注意提前减速，随时做好制动准备。

（2）车辆停稳前提醒乘客坐好，不得离座准备下车。

（3）避免在积水、结冰的地点停车，便于乘客上下车。

3. 货车停车

（1）满载货车制动停车距离较长，驾驶员要提前减速，以便准确地将车辆停靠在预定的地点。

（2）满载车辆重量较大，停车时要选择路面坚实的地点。

（3）长时间停车或驾驶员要离开车辆时，要在车轮下放置三角木等，以防止"溜车"等意外事故。

七、倒车

> **事故案例：** 2012年5月5日23时30分，在107国道谭家山镇长岭村路段，一辆微型货车正由南往北正常行驶，而右侧方一辆停在路边的运输货车正在横向倒车，由于货车在倒车的时候没有倒车信号，导致微型货车避让不及与货车发生追尾，致使微型货车上2人受伤（其中1人重伤）。

倒车一般应用于车辆掉头、停车入位、停靠货台等情况。倒车时，驾驶员视野盲区、操作方法、车辆行驶轨迹都与正常行驶时不同，存在很大风险。倒车时，驾驶员因未掌握好倒车角度和速度、疏忽盲区内情况而撞固定物、撞人。

倒车防御性驾驶要点

1. 通用技巧

（1）注意观察周围交通情况，选择路面宽阔、平整、路基坚实的地方，在不影响车辆正常行驶的情况下倒车；特别要注意观察盲区内的行人、机动车。

（2）规划倒车路线并仔细观察，必要时下车观察，注意障碍物、行人、来往车辆，选好倒车参照物。

（3）将车速控制在5km/h以下。

2. 客车倒车

在他人协助指挥下倒车。在站内工作人员或乘务员的指引下倒车。倒车时，注意制止其他无关人员进入影响倒车的区域内。

3. 货车倒车

（1）注意观察盲区内的人和物，注意避免碰撞货堆和其他作业车辆。

（2）在随车人员或场地工作人员的指引下倒车，避免驾驶员独自操作。

（3）半挂车和全挂车倒车时，驾驶员要正确操作，准确把握方向，避免出现车行方向跟计划方向相反的情形。

八、掉头

掉头防御性驾驶要点

（1）在十字路口掉头时，要按照交通标志、标线和交通信号灯的指引掉头；在一般道路掉头时，要选择视野开阔、路面条件好、不影响其他车辆正常通行的地点掉头。

（2）合理选择掉头时机。车辆在道路上掉头时，驾驶员应提前开启左转向灯，或伸出手臂做旋转示意，查明周围情况，等待交通情况允许后再开始掉头。

（3）控制掉头车速。掉头时车速应当控制在15km/h以下。

（4）客货车轴距较大，因此驾驶员要注意内外轮差可能带来的风险。

模块三 客货运站场的防御性驾驶

客货运站场是道路运输车辆经常出入的地方，驾驶员掌握客货运站场的防御性驾驶知识，有利于规避驾驶风险，降低意外事故发生率。

一、站内

站内防御性驾驶要点

1.通用技巧

（1）仔细查看车辆周围和车辆底部，看有无影响车辆起步的物品和人员。

（2）站内车辆行驶时，将车速控制在5km/h以内。

2. 客运站内

（1）启动车辆前，检查行李舱内行李摆放是否整齐合理，舱门是否锁好。

（2）清点客运单上显示的乘客人数跟实际乘坐人数是否相同，避免将乘客遗落在客运站，延误乘客行程。

3. 货运站内

（1）车辆装载完成后，仔细清点货物数量，查看货物装载是否合理。

（2）车辆启动前，检查货仓门是否关闭锁好。

二、进出站

事故案例：2011年11月1日上午，在广州市客运站车辆入口处，一辆进站客车（从广西梧州开往广州）在进站时，将一名男子碾压身亡。据目击者称，当天上午11时左右，一名推着手推车和大包裹服装的中年男子经过进站口。这时满载乘客的一辆客车冲了过来，瞬间将该名男子卷入车底，致其当场死亡。

——— 进出站防御性驾驶要点 ———

1. 通用技巧

（1）进站前及通过出站口前，车辆行驶速度都应控制在5km/h以内。

（2）有序通过出入口。有多辆车同时进出站时，如果只有一个出口通道，应该排队等候，依次通过出口；如果有多个出口时，左侧出口车辆应该让右侧出口车辆先行。

2. 客车进出站

客车进站时，特别是在旅客下车的地点，人流量大且混乱；出站口周围的非机动车、行人、接送乘客人员较多。驾驶员视野盲区较大，一般不容易观察到他们。因此，驾驶员应不时鸣喇叭，打开窗户提醒周围车辆及人员避让，或让乘务员下车引导交通。

3. 货车进出站

（1）货运站内装卸区域周围经常有人员来回走动。货车进站时，驾驶员要注意避让行人，同时注意盲区内是否有人，提前鸣喇叭提醒行人离开危险区域。

（2）出站时，驾驶员要先观察站口外交通情况，确认安全后汇入车流。

三、客车沿途停靠

事故案例：2011年2月19日12时许，梁某驾驶一辆大型普通客车由西往东行驶至国道324线1502km+200m处时，梁某超越一辆摩托车后，靠道路右侧路边停车下客，摩托车驾驶员采取避让措施不当，与大客车相撞，造成上述两车损坏、摩托车驾驶员9级伤残的交通事故。梁某违章停车（驾驶客车在道路上超越前车后，未拉开必要的安全距离便驶回道路右侧并占道临时停车，妨碍其他车辆通行）是导致事故发生的主要原因，应负主要责任。

客车沿途停靠防御性驾驶要点

（1）客车停车前，要注意观察停车地点安全状况及交通情况，提前开启右转向灯示意其他交通参与者；尽量避免紧急制动停车，以免后车尾随相撞。

（2）客车中途停靠后重新启动时，应确保乘客坐稳后再关闭车门。

（3）有老人、残疾人、孕妇、抱小孩的乘客上下车时，应给予帮助。

（4）沿途停靠再次启动前，要清点乘客人数，以免乘客滞留在停车点。

模块四 典型道路的防御性驾驶

高速公路具有相对封闭、控制出入、单向行驶、车速高、流量大等特性，有些高速公路还包括隧道、桥涵等路段，因此高速公路行车风险不容忽视。山区道路具有技术等级偏低、交通安全设施不完善、山高坡陡、路窄弯急等特性，行车风险异常突出。客货运输驾驶员掌握高速公路和山区道路的防御性驾驶方法非常重要。

一、高速公路

事故案例：2013年12月18日8时许，一辆从潍坊发往烟台的长途客车行驶到G20青银高速青岛方向转莱阳方向(涌泉立交)匝道时，突然失去控制撞向路边护栏，冲破护栏后滚至十余米深的护坡底部，最后侧翻在地面上。事故造成1人死亡，多人受伤。事故客车可能就是因为行至此处时，因车速太快冲破护栏翻入沟中的。客货运输车辆在进出匝道时，一定要减速慢行，尤其是转弯幅度较大时更要提高警惕，防止发生侧翻事故。

高速公路防御性驾驶要点

1.通用技巧

（1）驾驶员应通过收听广播、询问上一班车驾驶员及提前观察等方法，了解道路上是否有施工、障碍物、道路交通事故、故障车停靠等情况，做好防范准备。

（2）在高速公路上遇到类似"事故多发地段，请谨慎驾驶"、"追尾危险，保持车距"等标语时，驾驶员要提高警惕，任何警示标语都不是随便设置的，背后都

是血淋淋的教训和残酷的事实。

（3）高速公路入口加速车道、出口减速车道、收费站、服务区、施工道路等路段车流速度变化大，异常情况频发，驾驶员应提前防范这些风险。

（4）驾驶员感觉疲劳时，应到最近的服务区休息一段时间再继续行驶。

（5）车辆进入高速公路前，应特别注意对转向、制动、轮胎等关键部位的检查，一旦发现故障应立即排除，坚决杜绝车辆"带病"上高速公路行驶。

（6）在村庄、野生动物保护区、牧场等附近路段行驶时，要注意观察，防范有行人或动物横穿高速公路。

（7）提前了解"避险车道"标志牌内容，了解高速公路避险车道的作用并会利用。

2. 客车高速公路防御性驾驶

（1）杜绝超员。

（2）禁止在高速公路停车上下客。

（3）按规定系好安全带，并告知乘客系好安全带。

（4）在高速公路上遇到紧急情况，应采取尽量降低车速的方法，不要轻易采取打转向的方式避险。

3. 货车高速公路防御性驾驶

（1）杜绝超载、超高、超宽运输。

（2）检查货物捆绑情况，确保货物捆绑牢固不撒落。

（3）在坡度较大的路段，应选择在爬坡车道内行驶。

（4）货运车辆重心较高，容易发生侧翻事故，在进出匝道时要减速慢行。

二、山区道路

事故案例：2012年10月18日17时许，湖南省永州市永连公路双牌茶林路段，一辆载有48人的大客车翻下30多米深的山崖，造成4人死亡、44人受伤。

永州市交警部门给出的事故原因的初步调查结果：一是大客车未按规定定时检查（2012年6月30日年检到期），致使车况不良；二是该车驾驶员并非这辆车的专职驾驶员（属于临时调用），对车辆状况不熟悉，且他在临危操作时措施不当；三是永连公路属于山区道路（道路两侧山高谷深，地势险峻，且下坡、连续弯道极多），安全隐患多。

———— 山区道路防御性驾驶要点 ————

1. 行车准备要充足

（1）执行运输任务之前，进行线路踏勘或向有该路段行驶经验的驾驶员咨询，了解线路的主要长坡、坡度，弯道、适宜的行车速度及紧急避险车道的位置等。

（2）保证充分休息，避免疲劳驾驶。

（3）应特别注重对车辆转向、制动和轮胎的检查，当出现制动毂过热、制动效能减退等异常情况时，应及时停车排除。

2. 行车中应格外小心

（1）根据车辆技术状况、装载情况、坡道长度、坡度、道路等级、天气情况选择合适的车速，避免制动过热。

（2）观察到危险、弯道路段标志，出现实线道路标线时，要提前鸣喇叭，靠右行驶，减速进入弯道。

（3）上坡时，提前挂低速挡，避免在陡坡中间换挡；下坡时，提前降低车速并挂低速挡，禁止空挡滑行和熄火滑行。

（4）在跟行小轿车或者后方有其他大型、重型客货车辆时，保持10s安全间距。

3. 其他注意事项

（1）提前了解灾害预警，行车中注意观察山体有无泥石流、山体滑坡预兆。

（2）在山区弯道、长坡路段，应留意"连续弯道"、"限制速度"、"（坡道）长度"等交通标志上的提示信息。

（3）注意观察是否有行人占道行走或牲畜横穿路面，最好减速准备，不鸣喇叭。

（4）尽量避免在山区道路超车。必须超车时，要选择路面较为开阔、平坦的直线路段。

（5）通过发动机挂低速挡，发动机排气制动、电涡流缓速器等辅助制动，保持较低车速；减少行车制动的使用，保证长下坡、紧急制动时行车制动有效可靠。

 温馨提示

下长坡、陡坡时的制动技巧

下长坡、陡坡时不要频繁使用行车制动，应主要依靠发动机的牵阻力制动。山区道路使用行车制动时可按照以下步骤操作：

步骤一：平稳踩下制动踏板，让自己能明显感觉到车速变慢。

步骤二：当车速降低到比预期安全车速低约8km/h左右时，抬起制动踏板（踩下制动踏板的时间至少要持续3s）。

步骤三：车速超过预期安全速度后，重复上述操作，直到到达坡底。

6

模块五 　特殊路段的防御性驾驶

特殊路段主要包括桥梁、隧道、交叉路口及城乡结合部路段。这些路段危险因素较多，行车风险较大，驾驶员应掌握其防御性驾驶方法。

一、立交桥、桥梁

—— 立交桥、桥梁防御性驾驶要点 ——

（1）注意交通标志，严格按照规定车速通过桥梁；车辆重量超过桥梁标明的载重、轴重时一定要绕道行驶，或经市政管理部门和公路部门的同意，按交警部门指定的时间通过，以免造成桥梁垮塌。

（2）在桥梁上行车，车流量较大，没有超车条件时，严禁超车。

（3）看到横风标志应提前减速。如遇横风应紧握转向盘并慢慢修正行驶方向，不可猛转转向盘和紧急制动。

（4）气温较低时，进入桥梁前要谨慎慢行，防止桥面结冰引起车辆侧滑。

（5）通过窄桥时行驶速度必须控制在30km/h以下，桥上交通情况复杂时，行驶速度还应降低。

（6）通过立交桥时要随时观察指路标志，选择在对应的车道内行驶，以免错过出口。

（7）通过拱桥时往往会看不清对方来车和道路情况，应减速鸣喇叭，随时注意来车情况，做好制动准备，切勿冒险高速冲坡。

（8）通过吊桥、浮桥、便桥时，如无管理人员指挥，应下车查看，确认没问题后再行通过。必要时可让乘客下车步行过桥。不可在桥上停车。

二、隧道、涵洞

—— 隧道、涵洞防御性驾驶要点 ——

（1）按规定速度驶入。驶入隧道或涵洞前，驾驶员应提前减速，注意限速标志，按规定车速驶入隧道或涵洞，同时注意限制高度，避免车辆超过标准引发事故。行驶中要与前车保持足够的安全距离，禁止超越中心实线。

（2）预防明暗适应危害。为了防止暗适应带来的危害，驾驶员要在驶入隧道前约100m处，提前开启远光灯；进入隧道后关闭远光灯，开启近光灯；在照明条件不好的长隧道内，还应开启示廓灯、后位灯。驶出隧道时，驾驶员应减速慢行，以防明适应对安全行车造成影响。

（3）安全平稳驶出。驶出隧道或涵洞前，通过车速表确认行车速度；到达出口时，应握稳转向盘，以防出口横向风引起车辆偏离行驶路线；注意观察出口处的交通情况，及时鸣喇叭，引起他车注意。

（4）禁止在隧道和涵洞内掉头、停车、超车、倒车；不得在隧道内频繁变更车道。

温馨提示

车辆遇特殊情况停在隧道时，应尽快移出隧道，防止被其他车辆追尾。无法移出隧道时，应设法将车辆移到紧急停车带，打开危险报警闪光灯、示廓灯和后位灯，并在来车方向适当位置安放危险警告标志。客车还应在停车后尽快安全疏散乘客。

三、交叉路口

事故案例： 2013年7月24日14时许，张某驾驶一辆客车，由西向东行驶至国道312线榆中县定远镇定远村十字路口，向路右侧打转向盘时，因车速过快(经鉴定肇事前车速为92～98km/h)致使车辆失控，撞到十字路口东南角路灯杆后发生侧翻，致4人当场死亡、1人经抢救无效死亡、5人重伤、9人轻伤、13人留院观察。经交警部门认定，张某驾驶营运客车途经交叉路口时，超速行驶，遇突发情况无法有效采取措施，是导致此次事故的主要原因。

──────── **交叉路口防御性驾驶要点** ────────

（1）减速慢行。驶近有交通标线的交叉路口时，驾驶员应降低车速，至少提前50m驶入导向车道。进入导向车道后，驾驶员应再次降低车速，缓慢接近路口。

（2）安全转弯。准备转弯通过路口的车辆，驾驶员至少应在距离路口50m处打开转向灯；驶入路口转弯时，驾驶员应通过内、外后视镜交替观察侧方、侧后方有无影响转弯的危险情况，注意盲区内有无行人；转弯的车辆在路口等候放行时，驾驶员不得关闭转向灯。

（3）车辆通过没有交通信号灯控制也没有交通警察指挥的交叉路口时，没有交通标志、标线控制的，让右方道路的来车先行；转弯的车辆让直行的车辆先行；右转弯的车辆让相对方向行驶左转弯的车辆先行。在任何交叉路口，驾驶员都应礼让执行任务的特种车辆先行。

（4）驶近铁路道口时，驾驶员应降挡减速，观察交通情况；通过铁路道口时，应使用低速挡，中途不得换挡。铁路道口有人看守时，服从道口管理人员指挥；铁路道口无人看守时，做到"一停、二看、三通过"。行经铁路道口遇前方堵车时，应耐心等待，顺序通过；客车驾驶员还应提醒乘客扶好坐好，避免车辆颠簸使乘客摔倒受伤。

（5）禁止抢黄灯。黄色信号灯亮，没有越过停止线的车辆需在线内等候；正在通过交叉路口的驾驶员应时刻注意是否有行人、机动车等抢黄灯，做好预防危险的准备。

四、城乡结合部路段

> **事故案例：** 2011年11月26日，某市城乡结合部路段发生一起交通事故：一辆货车在超越一辆因发生故障停放在路边的农用车时，与相对方向一辆无号牌两轮摩托车发生碰撞，造成摩托车上的3名驾乘人员当场死亡。

—— 城乡结合部路段防御性驾驶要点 ——

（1）提前减速慢行。城乡结合部路段过往的车辆和行人比较多，经常拥堵，通过时要提前减速，小心驾驶。

（2）时刻保持警惕。驾驶员要常用喇叭提示其他交通参与者，时刻关注其动向，做好避让准备。

（3）注意礼让行驶。城乡结合部的道路交通设施建设比较落后，有些交叉路口没有交通信号灯或交通信号灯损坏，交通警力也比较薄弱，驾驶员应尽量礼让行驶，保证交通的畅通和安全。

（4）安全通过施工地段。城乡结合部有施工情况时，驾驶员应减低车速，时刻观察路面是否有散落的沙石，防止车辆侧滑；同时，注意其他施工车辆。

模块六 | 特殊路面的防御性驾驶

行车过程中，一些特殊路面，如冰雪路面、涉水路面、沙石路面等，会对安全行车造成很大影响，驾驶员学习特殊路面的防御性驾驶方法，有助于增加行车的安全系数，减少事故发生。

一、冰雪路面

> **事故案例：** 2013年12月20日上午9时30分许，甘肃省平凉市灵台县一辆宇通牌大型客车（核载35人，实载35人），由灵台县开往平凉。当车辆行驶至G22+200m处崆峒区白水镇境内，因路面结冰，车辆侧滑冲过中间隔离带侧翻，共造成4人死亡，7人受伤。

（1）观察到车辆后视镜和刮水器上有冰时，应预测到路面很可能结冰，此时应引起注意，做好防范危险的准备。在行驶到冰雪路段时提前减速，避免紧急制动，也不能猛踩或急抬加速踏板，应小心驶过。

（2）视线放远一些，观察道路上是否有故障车、除雪车和撒盐车等，和它们保持足够的距离，并时刻准备好制动或停车。

（3）根据地形和路旁树木、标志等正确判断路线，把稳方向，沿路中心或前车辙慢慢行进，发现可疑之处（如积雪凸起可能是路面有障碍物，积雪塌陷可能是路面有深坑），应下车认真勘察，判明情况后再行进，千万不可心存侥幸，冒险行驶。

（4）在冰雪路面通行存在困难或较大风险时，尽量绕开此路段或安装防滑链通过；如果车辆经常行驶在冰雪路面或冰雪路较长时，也应为车辆安装好防滑链。

（5）在转弯和有冰雪覆盖的弯道上行驶，应提前减速慢行，在对向车道无车的情况下可借道行驶，忌急转转向盘。

（6）在结冰的坡道、桥上要谨慎行驶，下坡要使用低速挡，利用发动机制动，切忌空挡滑行，上坡要保持均匀车速。

（7）冰雪路面摩擦系数小，制动距离长，跟车距离应适当增大。

（8）在冰雪路面避免频繁并线，尽量不要超车，必须超车时，应保持较大的横向间距；会车时应在保障自身安全的情况下尽量照顾对向车辆。

（9）市区内行车要留有足够的横向距离，以防行人、骑车人滑倒或突然横穿时造成危险后果。

（10）尽量避免在冰雪路面停车；为避免在冰雪路面起步时车轮打滑，可挂入比平时高一级的挡位，离合器松开得比平常要慢，最好用半联动，平稳踩下加速踏板，不熄火即可，一旦车轮转动，立即换入低一级挡位，随后正常加油，即可安全起步。

（11）保护眼睛，预防雪盲症。

二、涉水路面

事故案例： 2011年7月26日上午9时许，在北京市大兴区黄村镇芦求路某驾校对面，一辆大客车被困在桥下的积水（水深1.6m）中，车上8名乘客被困。消防队员及时赶到现场，经过30min的紧张救援后，8名被困人员全部被救出。

2011年8月2日凌晨，一辆载有20人的大巴客车在大雨中驶进河南省信阳市平桥区明港镇京广铁路桥涵洞，被近2m深的积水淹得熄了火，20多名乘客被困积水的车中。

6

（1）确认安全再通过。涉水行驶前，要仔细查看水的深度、流速和水底情况（有无深坑、凸起和尖锐物等）及进、出水域的宽窄和道路情况，判断是否能安全地通过。如果存在通行危险，应放弃涉水，改道行驶。

（2）通过时正确选择行车路面。确认可以通过涉水路段时，选择距离最短、水位最浅、水流缓慢且水底最坚实的路段通过，对关键电器、线路进行防水保护；挂低速挡平稳驶入水中，避免猛踩加速踏板，防止水、泥沙溅入发动机而熄火；行驶中要稳住加速踏板，保持汽车有足够而稳定的动力，避免中途停车、换挡或急转弯。

（3）待前车通过后再前行。涉水路段遇对向来车欲通过时，耐心等待其通过后再通过。多车涉水时，不可同时下水，应待前车到达对岸后，才可前行，以防前车因故障停车，迫使后车也停在水中，导致进退两难。

 温馨提示

　　车辆进水突然熄火，切忌在水中再次发动车辆。应将车辆移至干燥路面，对车辆进行检查，再启动车辆。车辆涉水后应及时检查车辆关键部位是否进水或被其他物体堵塞，并轻踩几次制动踏板，确保制动性能良好。

三、沙石路面

　　事故案例： 2010年1月15日傍晚，一辆小型普通客车（核载8人，实载10人）行驶至一施工路段时，因路面上撒满了沙石而发生侧滑，随之驶出路面坠入落差数十米的矿山便道上，造成7人死亡，3人受伤。

　　沙石路面存在严重的安全隐患：碎石、沙土容易造成车辆打滑，特别是在急转弯时，极易导致车辆失控，酿成交通事故；有的碎石子被车轮碾过后崩向道路两边，随时可能击中其他车辆或行人，相当危险。

（1）山区道路、井场自建路及施工场地附近的道路经常有沙石散落，驾驶员行驶至该种路段时，应做好防御风险的准备。

（2）在沙石路面行驶，要放慢车速，同时避免急加速、急减速、急回转弯与大转弯，以防车辆失控侧滑。

（3）沙石路面转弯下坡危险性极大，驾驶员应格外注意。最好选择其他路线行驶，或对路面沙石进行适当清理后通过。

（4）为了避免前车卷起的沙石模糊视线，或者被飞起的沙石击中，应与前车保持更大的安全距离。

四、翻浆路面

事故案例： 2013年4月25日，一辆箱式大货车在与一辆小型轿车会车时发生碰撞，大货车车头轻微受损，而紧随其后的另一辆轿车因躲闪不及，与大货车发生追尾，一时间3辆车撞在一起，无法动弹，所幸该起连环撞车事故没有造成人员伤亡。

据交警介绍，当日7时30分至8时，该路段共发生4起车祸，"路面翻浆是事故发生的主要原因，驾驶员在这样的路面状况下要更加小心，减速慢行。"

—————— **翻浆路面防御性驾驶要点** ——————

（1）在翻浆路面上行车，应当选择比较平整或泥浆较浅的路面。

（2）提前换入低速挡，以保持汽车有足够的动力。中途要尽量避免换挡，必须换挡时，也应做到动作敏捷和联动平稳。

（3）翻浆路面如已形成车辙，可沿车辙行驶，车辙路面一般比较坚实，还能限制车轮侧滑的摆动范围。保持直线、匀速行驶，避免驱动力骤增或骤减，引发侧滑。

（4）发现路面有土堆或坑洼时，应当细心判断，提防底盘碰撞土堆或车轮陷入坑内，必要时应铲低土堆或填平坑洼后再继续前进。

（5）需要靠边停车时，应逐渐驶向路边。转弯时，必须提早减速，缓慢地调整转向轮角度，逐渐转弯，切不可猛转转向盘，以免引起严重的侧滑而发生事故。

（6）汽车在泥泞道路上需要制动时，应该以发动机的低挡制动为主，尽量避免使用行车制动器，以防车轮被迅速"抱死"而发生滑动，使方向失控。

（7）需要占用对向车道绕开翻浆路面时，应首先确认对向车道无车靠近，在安全的前提下驶入对向车道，并尽快回到原车道，避免与对向来车相撞。

（8）泥泞路上应尽量避免停车，防止再次起步时出现困难。必须起步时，应稳住加速踏板，缓缓松抬离合器踏板，有时可选择较高挡位起步，避免驱动车轮打滑空转。

模块七　夜间防御性驾驶

夜间能见度较低，仅为白天的1/8，行车中存在很多风险，驾驶员学习夜间防御性驾驶知识，有助于防范各种风险，确保行车安全。

事故案例1：2012年8月26日凌晨2时40分，一辆由呼和浩特开往西安的卧铺客车在包茂高速公路安塞段（陕西省延安市境内）追尾撞上了刚刚从化子坪服务区驶出的一辆装载甲醇的罐车。甲醇泄漏起火，客车上包括驾驶员在内的36人不幸遇难，仅3人逃生。

—— 防御性驾驶要点 ——

该起事故的直接原因是客车驾驶员疲劳驾驶和超速驾驶。这警示我们：夜间行车，最容易疲劳，驾驶员白天应按时休息，避免疲劳驾驶，感觉疲劳时应停车休息一段时间。同时，夜间严禁超速行驶，跟车行驶时应保持足够的跟车距离。

事故案例2：2011年3月17日21时许，甬金高速往金华方向上，一辆重型货车在没有任何车灯的情况下缓缓行驶，坐在副驾驶座上的人时不时地将手探出窗外，并用一个手电筒当做车灯在照明，小灯光不断地在晃动。

这辆重型货车在甬金高速洞桥出口附近被高速交警拦截下来，而此时该"瞎眼"货车在高速公路上已经行驶了近25km的路程。期间，多亏执勤民警及时拉响警报，这才避免了一起追尾事故。

—— 防御性驾驶要点 ——

保持车辆照明系统工作正常，对于夜间行车安全非常重要。出车前，驾驶员应对车辆照明系统做全面的检查。行车过程中一旦遇到照明系统发生故障时，一定要靠边停车并迅速报警求助，切不可占用高速公路行车道自行检修车辆。

事故案例3：2012年9月16日21时50分，一辆小型越野车从米东区向乌鲁木齐方向行驶，在上沙河立交桥上准备转弯时，后方来了一辆开着远光灯的货车，越野车司机眼睛受到强光刺激，瞬间就无法看到前方，直接撞上引导护栏。

—— 防御性驾驶要点 ——

夜间行车时，很多驾驶员为了让自己视野更远，都习惯持续使用远光灯，这种行为在会车和跟车时危害最大，极其容易引起会车和跟车对象眩目，造成交通事故。因此，驾驶员在夜间行驶时应按规定使用灯光（表6-7-1），遇到对方不关闭远光灯时，要采用正确的方式提示对方，不要怀着"报复"的心态同样使用远光灯回击对方，这只能使双方都处于危险之中，使行驶环境更加恶劣。

表6-7-1 夜间远近光灯的正确使用

近光灯	通过照明条件较好的路段；车速在30km/h以下；交叉路口；铁道路口；夜间会车、跟车；迎面驶来的车辆距离自己150m以内时或自己距离前车90m以内时
远光灯	通过照明条件较差的路段；车速在30km/h以上；迎面驶来的车辆距离自己150m以外时
近、远光灯变换	超车示意；通过无信号控制的交叉路口；夜间会车对向来车不关闭远光灯

6

此外，夜间遇有雾、雨、雪、沙尘、冰雹等低能见度情况时，应当开启前照灯、示廓灯和后位灯，夜间雾天行驶还应当开启后雾灯和危险报警闪光灯。

> **事故案例4：** 2012年8月22日凌晨3时许，高速公路阿克苏至库尔勒方向845km处，一辆大货车强行超车，与一辆同向行驶的车辆发生追尾，结果导致被超车驾驶员被转向盘卡住，无法活动，后经救援官兵连续2个多小时的救援才被救出，并被送往附近医院进行救治。

—— *防御性驾驶要点* ——

夜间超车非常危险，因为驾驶员在超车时，由于受视线障碍和对面来车的灯光影响，无法正确估计前方道路情况和对面来车距离，若盲目超车，势必酿成事故。因此，夜间行车应尽量避免超车，必须超车时，要连续变换远、近光灯向前车示意，确认前车让速让路后方可超越。如发现前方出现紧急情况，严禁超车。

夜间驾驶"两要"：一要全面检视车辆，二要正确使用灯光；夜间驾驶"三不要"：一不要疲劳驾驶，二不要频繁超车，三不要跟车过近。

模块八　特殊气象条件下的防御性驾驶

行车过程中，往往会遇到一些特殊的气象条件，如雨、冰雪、大风、沙尘及高温天气等。特殊气象条件下行车，发生交通事故的风险会很大。因此，掌握特殊气象条件下的防御性驾驶技巧，对保障行车安全非常重要。

一、雨天

> **事故案例：** 2013年8月22日，浙江省出现大雨到暴雨，上午8时许，常台高速公路新昌服务区附近，一辆天台开往舟山的客车在行驶中突然撞断护栏，翻下路基，车上10名司乘人员随车一起翻落，造成2人受伤。
>
> 13时许，104国道绍兴境内鲁南往东五菱公路段，一辆保时捷轿车与一辆江苏客车迎面相撞，造成2人死亡，多人受伤。
>
> 13时许，在金丽温高速仰义收费站附近，一辆大客车因避让超车的轿车，撞上右侧护栏，侧翻在路中央，车头严重变形。
>
> 雨天路面湿滑，车辆的制动性、稳定性、平顺性、操控性会变差，此外，驾驶员的视线还会受雨水影响，事故发生的概率会增加。

—— *雨天防御性驾驶要点*[①] ——

雨天行车一个"关键"：低速行驶。两个"关注"：关注路况，关注车辆性能。四个"注意"：注意雷电，注意车辆陷入，注意泥石流，注意积水。

（1）雨天出车前应对刮水器胶条、轮胎及照明、制动、转向系统等进行安全检查。

[①] 大雨天，路面有积水时还应参考涉水路面防御性驾驶方法。

在行车中，缓踏制动踏板，检查制动效能；缓打转向盘，检查转向性能。

（2）雨天应低速行驶，驾驶员要双手握住转向盘，保持直线低速行驶。需要转弯时，缓踏制动踏板，以防轮胎抱死造成车辆侧滑。避免急加速、急减速，禁止紧急制动。

（3）时刻注意道路前方是否有堵车和交通事故等紧急情况，提前做好防范准备；雨天应及时打开近光灯和雾灯，适时开启示廓灯和后位灯，必要时鸣喇叭，以便看清别人也让别人注意自己。

（4）雨天行车，要注意路基是否有疏松和塌陷的情况，防止车辆陷入。雷雨天气车内更安全，但要收起收音机天线，关闭门窗。狂风暴雨天气，最好选择安全地点停车，开启危险报警闪光灯，待雨势变小后再继续行驶。

二、雪天

事故案例：2012年3月16日9时51分，哈同公路发生交通事故，一辆金龙客车在哈同公路佳木斯至哈尔滨方向241km处发生侧翻，造成4人死亡，约30人受伤。据交警部门介绍，事故发生原因为大客车在超越同向行驶的丰田普瑞维亚小型客车时，由于降雪路滑，大客车与小型客车发生刮碰，导致小型客车驶入路边沟内，大客车打滑侧翻至右侧路边沟内。

雪天路面湿滑、视线受阻等原因导致交通事故层出不穷。道路客货运输车辆更因本身体积和重量的特殊性，发生事故的几率和伤亡人数会大增。因此，驾驶员除了一定要小心驾驶外，还应掌握一些雪天行车的防御性驾驶方法。

雪天防御性驾驶要点[2]

（1）雪天驾驶时，驾驶员应开启刮水器，防止前风窗玻璃积雪遮挡视线；使用冬季专用玻璃清洗液，防止天冷玻璃结冰影响透明度。

（2）冰雪天气行车，应通过灯光、喇叭预先向其他交通参与者传递危险信号。

三、雾天、雾霾天

事故案例：2013年11月22日8时许，因浓雾天气影响，合六叶高速双向均发生多起多车连环相撞事故。合肥—六安方向高刘收费道口处，约10辆车连环相撞。六安—合肥方向江淮运河大桥段，几十辆车连环相撞。事故至少造成5人死亡，80人受伤。

据交警部门介绍，事故原因主要是因为早上雾大，能见度低，六安—合肥方向事故最严重的江淮运河大桥段，因为桥下方是水系，水汽多，因此形成的雾气更浓，形成了"团雾"，致使驾驶员能见度骤降，进而导致事故集中发生。

---

[2]其他要点请参阅冰雪路面防御性驾驶方法。

（1）出车前关注天气，了解到行驶路线有大雾时，尽量更改行车路线或时间；行车时遇大雾，应打开收音机，关注雾情，了解前方是否发生事故，以便提前采取措施。

（2）雾天出车前还应做好以下准备工作：将车窗玻璃擦干净，检查车辆的安全技术状况，保证视力处于良好状态。

（3）雾天要提高警惕，保持慢速和合适安全间距，避免高速驶入浓雾路段。团雾天气行车时，更要保持慢速和合适安全间距。

（4）行车时，应根据雾情适时打开前后雾灯、后位灯、示廓灯、危险报警闪光灯和近光灯（雾天禁止使用远光灯），利用灯光提高能见度，提示其他车辆注意。

当看到、听到其他车辆发出的灯光、喇叭信号时，在明白行驶意图后应立即予以回应，并明示自己的位置和行驶意图。

（5）雾天禁止超车。能见度太低时，需在安全地带停车等候大雾散去。

四、大风沙尘天气

事故案例：2012年4月22日16时许，在库库高速公路G3012线371km（库尔勒辖区）路段，三辆汽车发生追尾事故。事故现场一辆皮卡车钻进了一辆中型卡车的底部，皮卡车车体严重变形，第三辆被碰撞的越野车停在十几米外。

事发时，当地正遭遇大风和强沙尘天气，能见度大约只有10m。据救援人员介绍，恶劣的沙尘天气很有可能是引发事故的原因，大风将沙粒和尘土扬起，遮挡住了驾驶员的视线。

（1）沙尘天气光线暗淡影响观察时，应开启近光灯、示廓灯、后位灯，必要时开启危险报警闪光灯。同时，能见度在100～200m时，时速应控制在40km以内，夜间时速应控制在30km以内，满载大客车和重载大货车更应降低车速。

（2）在城市道路遭遇大风、沙尘天气时，驾驶员要提高警惕，注意观察，谨慎避让，随时做好制动停车的准备。在路口、混合交通路段更要提防行人、骑车人突然闯入自己的行车道。

（3）在大风沙尘天气里行车，应尽量减少超车次数或不超车。

（4）车辆行驶中遇到横风干扰时，驾驶员要紧握转向盘，保持方向，并缓慢降低车速，减小横风的影响。

（5）大风天气在山区公路行驶时，应警惕山体滑坡和落石风险。在有流沙覆盖的路段时，要降低车速，保持足够的安全距离。

（6）大风沙尘天气时，天空往往呈黄灰色，光线较暗，能见度较差，驾驶员应避免戴有色眼镜。

（7）行车中遇到大风沙尘天气，应尽快关闭车窗，防止尘土吹入眼睛。

（8）在货物装载完毕后，要认真检查苫盖、捆扎情况。运输途中遇到大风，应把车辆停在避风的地方，并对货物的苫盖与捆扎进行检查和加固。

五、高温天气

事故案例：2013年8月25日中午12时许，一辆满载鲜鱼的货车在沈海高速公路熊岳服务区附近行驶时，左前方车轮突然爆胎，随后整个货车向左倾斜，侧翻在高速公路上。驾驶员被困于驾驶室之中，车后水箱也受到损坏向外大量漏水。洒落路面的大量鲜鱼在烈日和滚烫路面的双重作用下已经全部死亡，现场到处弥漫着一股烤鱼的味道。

在路面温度非常高的情况下，汽车轮胎非常容易老化，引起胎压不正常，使爆胎的几率增大。

——————— 高温天气防御性驾驶要点 ———————

（1）在高温炎热地区，驾驶员出车前应检查车辆制动系统、玻璃清洗液、冷却液、汽油、机油、液压油等，确保车辆技术状况良好。

（2）高温天气下胎压要低于正常胎压值10%左右；但不能过低，胎压过低也易发生爆胎事故。同时，还应保证轮胎无严重磨损，无夹杂异物。

（3）发现车辆技术状况存在问题，应及时送修，坚决杜绝开病车上路。

（4）承载过多人员的客运车辆、重载货运车辆轮胎负荷较大，会使轮胎加速老化，或使发动机过热，所以应避免超员超载。

（5）将发动机水温控制在95℃以下。发现水箱开锅，严重缺水时，要立即停车怠速运转一段时间，不可马上加水，待水温降低后再熄火加水，以防活塞粘缸、发动机炸裂变形或烫伤。

将车停到阴凉处   汽车温度过高时

掀开发动机罩通风散热，也可注入冷却液体。

（6）驾驶员高温天气行车最好准备一副偏光太阳镜。这样不仅可以有效减弱强光对驾驶员眼睛的刺激，还可以防止驾驶员长时间暴晒于阳光下而出现困倦。

（7）保证良好的身体、精神状况，准备充足的饮用水。

（8）将打火机、车载香水、碳酸饮料、纸张等物品放在仪表盘、风窗玻璃和发动机等表面温度较高的部位之外，并防止阳光暴晒，以防物品爆燃引发车辆燃烧。

（9）高温天气道路上的沥青会变得湿滑，应引起注意。

6

- ◆ 迷雾重重：开雾灯、降车速，行车间距多几步
- ◆ 昼短夜长：不急躁、常警惕，防止瞌睡调情绪
- ◆ 大雨狂降：防雷电、延车距，降速观察莫着急
- ◆ 冰雪当道：增间距、少制动，路滑须安防滑链
- ◆ 横风肆虐：降车速、控方向，微调转向平稳行
- ◆ 隧道行驶：不超车、慎会车，明暗适应准备好
- ◆ 高速行车：勤检查、多休息，掌握车速和间距
- ◆ 山区驾驶：慎转弯、防疲劳，上下坡道讲技巧
- ◆ 车辆涉水：看流速、查水情，低速平稳一次过

模块九　　不安全驾驶行为原因分析及其习惯纠正

　　没有人不爱惜自己的生命，没有人不知道不良驾驶行为的危害性，可很多时候因为习惯使然，或者出于其他原因，导致这种长期形成的不良驾驶行为很难改变。为此，我们很有必要掌握不良驾驶行为纠正技术，并针对自己的不良驾驶行为制定纠正计划与措施，假以时日，持续改进，便能彻底改掉这些坏习惯。

一、不良驾驶行为纠正技术

　　很多交通事故的发生都可以归咎于不良驾驶行为习惯，虽然很多驾驶员都知道这种行为习惯不好，可它已经由思想固化为了行动，深植于人们体内，很少有人能够成功改掉它。我们完全可以借助不良驾驶行为纠正技术（如图6-9-1所示）来纠正自己的不良驾驶行为。

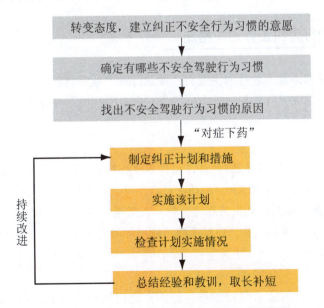

图6-9-1 不安全驾驶行为习惯纠正技术流程图

行为心理学的研究表明，21天以上的重复会形成一个人的习惯；90天的重复，会形成一个人的稳定性习惯。也就是说，如果能对同一个动作重复21天，就会成为一种习惯性动作。

同样，要想纠正不良驾驶行为，亦需要一个长期的转变过程。如果我们能够针对每一个不良驾驶行为，依照对应的纠正计划与措施改变自己，坚持21天或者更长一段时间，每天运用表6-9-1进行自我检查，持之以恒，就能彻底纠正那些危害自身生命安全的不良驾驶陋习。

表6-9-1　不良驾驶行为自检表

执行人							制表日期					
不良驾驶行为	进度（天）											后续复查
	1	2	3	…	12	13	14	15	…	20	21	
超速行驶												
疲劳驾驶												
吸烟												
接打手机												
注意力分散												
强行超车												
超车、变道时不开转向灯												
随意变道												
压线行驶												
……												
备注：用×表示还未纠正，用√表示已纠正												
自我评价												

二、常见不良驾驶行为纠正计划与措施

通常而言，常见的不良驾驶行为主要有：超速行驶、疲劳驾驶、吸烟、接打手机、注意力分散等，下面我们以疲劳驾驶和注意力分散为例来介绍不良驾驶行为习惯的纠正方法。

（一）疲劳驾驶

事故案例：2013年4月7日凌晨4时许，福银高速公路九江往南昌方向627km处，一辆满载钢材的大货车撞开高速公路右侧约40m的护栏后，冲上高速公路护坡上，险些发生侧翻，所幸无人员受伤。据货车驾驶员张某描述，他一人驾车从安徽开往湖南长沙，车上载有约30t的钢材，因为只有一名驾驶员，连续驾驶约8h，中间没有休息好，开着开着就睡着了，之后事故便发生了。

表6-9-2列出了驾驶员疲劳驾驶的各种原因，您可以对照该表，找出您疲劳驾驶的原因，或者在此基础上列出您认为适合自己的原因。

表6-9-2 疲劳驾驶原因分析表

疲劳驾驶的原因	此项是您疲劳驾驶的原因吗？是√，否×
为了生计疲于奔命	
家务事过多或夫妻不和睦	
精神负担重	
社交太广，参加文娱活动时间太长	
睡眠不足或睡眠质量差	
体力、耐久力差，视、听能力下降	
体力弱或患有某种慢性疾病	
服用了某些影响驾驶的药物	
车内环境不良，如空气质量差，通风不良，温度过高或过低	
车外环境不良，如交通环境差，路面状况差，风沙、雨、雾、雪天气行车	
道路条件好，情况单一	
其他	

确定了您疲劳驾驶的原因之后，就可以针对原因制定纠正计划和措施了。表6-9-3中"纠正计划和措施"是根据表6-9-2各种疲劳驾驶原因提出的一些示范性措施。实际应用时，您还可以根据自身独有的行为习惯，添加一些相应的纠正计划和措施。

表6-9-3 疲劳驾驶纠正检查表

纠正计划和措施	第1轮纠正		第n轮纠正	
	您做到了吗？是√，否×	经验教训	您做到了吗？是√，否×	经验教训
列出疲劳驾驶的危害，每天提醒自己				
平时多看一些疲劳驾驶事故新闻和视频，认识其危害性				
将"安全出行、安全归来"作为自己的行车守则				
实施不疲劳驾驶一天工作计划，计算与疲劳驾驶的时间、效益差异				
合理安排工作和生活时间，保证充足的睡眠时间				
出车前保持良好心态，学会调整自己的心情				
加强身体锻炼，积极调养自己的身体				
计算一下疲劳驾驶引发事故带来的损失				
如出现疲劳症状，停车休息				
多做一些缓解疲劳的动作，避免视觉性疲劳				
其他				

备注：第n轮纠正"您做到了吗"一列全部为"√"时说明纠正成功。

（二）注意力分散

> **事故案例：** 2013年9月3日15时许，江苏省泰兴市发生了一起离奇事故。一辆途经该市元竹镇的过境大客车上，乘客李某讲了一个笑话惹笑了整车人，驾驶员也忍不住大笑并转头看讲笑话的是何人，结果撞上了前方一辆相向行驶的摩托车，致摩托车驾驶员身受重伤。
>
> 在这起交通事故中，尽管事故的发生与乘客李某讲笑话不无关系，但根本责任在于客车驾驶员自己本身，驾驶过程中极易被外界环境所干扰。

第三单元模块一中"注意力与安全驾驶"已经详细列出了驾驶员行车中注意力分散的各种原因，您可以对照表3-1-2，找出您行车中注意力分散的原因，或者在此基础上列出您认为适合自己的原因。

确定了您行车中注意力分散的原因之后，就可以针对原因制定纠正计划和措施了。表6-9-4中"纠正计划和措施"是根据各种行车中注意力分散原因提出的一些示范性措施。实际应用时，您还可以根据自身独有的行为习惯，添加一些相应的纠正计划和措施。

表6-9-4　行车中注意力分散纠正检查表

纠正计划和措施	第1轮纠正		第n轮纠正	
	您做到了吗？是√，否×	经验教训	您做到了吗？是√，否×	经验教训
列出驾驶时注意力分散的危害，时刻提醒自己				
平时多看一些注意力分散引发事故的新闻和视频，认识其危害性				
有意识地抑制自己的好奇心，专注于驾驶				
劳逸结合，不让自己太过劳累				
努力克服自己行车中吸烟、接打手机等容易引起注意力分散的陋习				
计算一下注意力分散引发事故带来的损失				
训练自己的控制力，慢慢做到驾驶时集中注意力				
其他				

备注：第n轮纠正"您做到了吗"一列全部为"√"时说明纠正成功。

单元问答

1. 通过对本单元知识的学习，您对防御性驾驶了解了多少？您的日常驾驶行为有没有与防御性驾驶相矛盾的地方？

2. 您还知道哪些与防御性驾驶有关的口诀？请与其他驾驶员交流一下。

3. 请回顾一下自己都有哪些不安全驾驶行为习惯，并根据模块九介绍的方法制定纠正计划和措施。

单元七　紧急情况及应急处置

学习目标

道路旅客运输驾驶员：掌握紧急情况应急处置原则；掌握事故发生后报告程序、内容和处理方法；掌握事故发生后的脱困方法。

道路货物运输驾驶员：掌握紧急情况应急处置原则；掌握事故发生后报告程序、内容和处理方法；掌握事故发生后的脱困方法。

　　道路运输过程中，驾驶员在关键时刻掌握一些应对紧急情况的措施，可以很大程度地降低紧急情况可能带来的危害；一旦发生事故，及时和正确地进行事故报告和事故现场处理，是防止事故危害扩大的重要保障；掌握事故后的脱困方法，可以为自身和乘客争取更大的生存机会；有效应对自身和乘客突发疾病，可以使运输更加平安顺畅。总之，保证乘客和货物的安全永远是驾驶员的终极使命。

7

模块一　　常见紧急情况的处置原则和方法

　　车辆行驶中由于各种原因，往往会出现一些意想不到的紧急情况，如制动失效、转向失控、轮胎爆裂、车辆起火等，增加了驾驶风险。此时，如果驾驶员的应急处置方法得当，可在关键时刻化险为夷，转危为安。

一、制动失效时的处置方法

　　一般来说，当制动失效时，汽车仪表板上的制动系统报警指示灯会发亮，这时应开启危险报警闪光灯，并尽快减速停车。不管路况如何，如果制动失效，驾驶员首先要保持冷静，切勿惊慌失措，然后再根据现场情况，采取灵活、有效的措施。具体见表7-1-1所示。

表7-1-1　不同路况下车辆制动失效时的处置方法

不同路况	处置方法
高速公路	在高速公路上发生制动失效时，应在确保安全的情况下，马上向紧急停车道变道。进入紧急停车道后持续换低速挡行驶，最后当车速低于30km/h后再拉紧驻车制动器将车辆停住
普通道路	首先控制好方向并且迅速抢挂低速挡，同时注意观察，如果有条件，应该变道绕过前方障碍物；如果没有条件，千万不可以强行变道。如果发觉车速还未降下来，则可以缓慢、稳定、用力均匀地拉紧驻车制动器来进一步降低车速，直至车辆停下来
进入弯道或转弯之前	先控制住方向并迅速抢挂低速挡，可以视情况决定是否利用驻车制动器。一定要使车速在进弯之前降下来，在进弯时先松开驻车制动器，然后才可以转动转向盘。在过弯或转弯的过程中不可以再紧拉驻车制动器，否则会造成车辆甩尾，从而导致更大的事故
车辆上坡	迅速抢挂低速挡，如果条件允许，慢慢地驶上坡顶，再利用驻车制动器将车停住；如需半坡停车，应保持前进低挡位，踩下离合器踏板，拉紧驻车制动器将车停住；如果车辆有后溜的趋势，可以松抬离合器踏板，利用离合器的半联动将车辆控制在坡道上
车辆下坡	切勿心慌意乱猛拉驻车制动器，可以采用在普通道路上的应急方法来降低车速并停车，如果实在无法将车停住，而情况又非常危急，那只有先保人后保车，寻找避险车道或围栏、障碍物等，利用阻力或摩擦力减缓车速

值得注意的是，不减速就直接将车辆向周围物体上靠的做法是极其危险的，因为高速剧烈的碰撞会直接损坏车辆并容易造成翻车。

制动失效应急处置口诀

制动失效别发慌，抢挂低挡减车速；
控制方向是关键，闪光报警别疏忽；
利用地形障碍物，刮蹭碰撞把车驻。

二、转向失控时的处置方法

事故案例：2013年5月14日15时许，湖南省醴陵市孙家湾乡孙家湾村一辆载有17名乘客的客车从3m高的路面坠入池塘。事发地附近的村民及时赶往救援，将车上乘客全部救出。

事故是因客车转向失控造成的，这个说法得到了受伤客车驾驶员汪某的证实，他说"当时转向盘转过去，就转不回来了，接着车子就掉了下去。"

车辆转向失控通常会有一定的预兆，如果是转向助力装置出现了故障，助力一般不会

7

突然消失，驾驶员会逐渐感到转向盘越来越沉重，这是转向助力装置故障的信号，此时应用尽全力控制方向，尽快安全停车。

车辆在长直线路段发生转向失控时，驾驶员应当尽快减速，并选择安全地点停车。避免使用紧急制动减速停车，以防车辆甩尾侧翻。在采取紧急措施的同时，应通过打开危险报警闪光灯、鸣喇叭、打手势等方式向其他车辆和行人示警。

① 稳定乘客情绪，让其迅速抓住车上固定物
② 轻踏制动踏板
③ 轻拉驻车制动器

车辆转向失控时，禁止使用紧急制动。

在弯道、山路等特殊路段发生转向失控时，驾驶员要立即松抬加速踏板，迅速制动，将车辆及时停下来，以防车辆冲出路面或与其他车辆发生碰撞。

当事故已经无可避免时，应果断连续踩踏制动踏板，使车辆尽快减速停车，减轻撞击力度。

> **转向失控应急处置口诀**
>
> 转向失控别受惊，减速停车避险情；
> 山路弯道极险段，紧急停车消隐患。

三、车辆爆胎时的处置方法

由于爆胎引起的事故占据了车祸中很大的比例，而且后果往往很严重。一旦行驶中发生爆胎，我们该如何应急处置呢？

> **事故案例：** 2012年3月23日15时许，一辆载重数十吨的大货车在南京宁丹路上突然爆胎，随即失控撞上路边民房，屋内母女俩夺门逃命，所幸无人员伤亡。

在行驶过程中，如果听到爆破声，或感觉到车身摇摆不定，转向盘随之以极大的力量向一侧急转时，驾驶员应想到有可能是车辆发生了爆胎，此时应立即采取应急处置措施。

后轮爆胎时，车尾会摇摆不定，驾驶员应握稳转向盘，尽量控制车辆方向，使车辆尽量保持直线行驶，轻踩制动踏板，让汽车缓缓停下。

前轮爆胎时，转向盘会向爆胎一侧偏转，驾驶员应双手用力控制转向盘，全力控制住行驶方向，调整方向时，动作要轻柔，切不可紧急制动和急打转向盘；应松抬加速踏板，采取断续制动，尽量保持车身正直向前，控制车辆直线行驶。待车速自然慢下后，观察后视镜，在确定后方无来车或后方车距足够的前提下，开启转向灯，轻转转向盘靠右侧缓慢行驶，靠路边停车。

　　车辆安全停稳后，驾驶员应在车后规定位置放置三角警示牌，有条件的可以更换轮胎，无条件的转移到安全地带等待救援。

> **车辆爆胎应急处置口诀**
>
> 轮胎爆裂莫慌张，断续制动稳转向；
> 车速减慢观视镜，开启车灯靠右停。

 温馨提示

　　夏季是爆胎事故高发时期，很多驾驶员都有自己的一套预防爆胎的措施，诸如降低胎压、往高温的轮胎上洒水等。其实，这些方法不仅不利于车胎防爆，还有可能影响行车安全。预防爆胎的正确做法如下：

　　（1）如果需要长时间停放车辆，最好是将车辆停放在阴凉处，以免轮胎在烈日下暴晒。要经常检查轮胎在冷却情况下的气压。

　　（2）经常检查轮胎是否有损伤，如是否有轧钉、割伤等，发现损伤的轮胎应及时修补或更换，如轮胎已经过多次修补（3次以上），最好是更换新胎。

　　（3）定期对车辆进行四轮定位检查，如发现定位不良，要及时校正，否则会造成轮胎不规则磨损。

　　（4）在高速公路上长时间行车时，由于轮胎变形频率增高，轮胎的发热量大，轮胎的温度也较高，气压也随之升高，为了消弱此现象，在上高速之前可将轮胎的气压略微提高一些，比标准气压高0.1～0.2Pa，这样轮胎的变形幅度会减小，可降低轮胎的发热量，高速行驶会更安全。

四、发动机熄火时的处置方法

> **事故案例：** 2012年，云南一辆旅游大巴发生侧翻事故，造成9人遇难，24人受伤。事故调查结果显示，事故车辆事发前在行驶途中多次发生熄火现象，却始终未能引起驾驶员足够的重视，最终导致了惨剧的发生。

　　发动机熄火时，驾驶员应连续踩踏2～3次加速踏板，转动点火开关，尝试重新启动。若启动成功，不要贸然继续行驶，应先将车驶向路边停车检查，待查明原因、排除隐患后，再继续行驶。

发动机熄火时，若重新启动不成功，应开启危险报警闪光灯，利用惯性操控车辆缓慢驶向路边安全停车，检查熄火原因，及时排除故障。

客车行驶过程中发生熄火，安全停车后，驾驶员还应注意稳定乘客情绪，避免其随便走动，维护好现场秩序，保护好乘客安全。

发动机熄火应急处置口诀

突然熄火很危险，给油启动紧相连；
侥幸启动能开走，靠边停车查隐患；
若是启动不成功，利用惯性靠路边。

五、车辆侧滑时的处置方法

事故案例： 2012年9月12日9时40分许，甘肃环县甜水镇211国道白草滩路段处，一辆环县发往宁夏银川的客车与一辆宁夏青铜峡发往环县的客车相撞。截至当天16时，共造成5人死亡，24人受伤。事故调查证明，路面湿滑，两辆客车会车时发生侧滑，是导致事故发生的主要原因。

在冰雪、湿滑和沙石等路面上空挡滑行、猛转转向盘、紧急制动和加速及车辆重心过高等都极易造成车辆侧滑。驾驶员应提高警惕，注意预防。

客车或者货车单车发生侧滑时，通常是以旋转的方式，而半挂汽车列车在侧滑时，牵引车与挂车之间会形成折叠的形状。当车辆发生侧滑时，驾驶员应及时果断地结合车辆所处的行驶环境采取相应的应急处置措施。

当制动、转向或擦撞引起车辆侧滑时，应立即松抬制动踏板，并迅速向侧滑的一方转动转向盘，并及时回转方向进行调整，修正方向后继续行驶或靠边停车；因转向或擦撞引起的侧滑，不可使用行车制动。

六、车辆起火时的处置方法

驾驶员一旦发现车内有浓汽油味或者车辆冒烟时，应该立即靠边停车（停车位置最好在避风处），然后根据起火部位或所处位置采取不同的灭火措施。具体见表7-1-2。

表7-1-2　车辆起火应采取的灭火措施

场　　景	灭　火　措　施
发动机起火	当车辆发动机出现冒烟等异常情况时，驾驶员应迅速停车，打开车门让乘车人员下车，然后切断电源，取下随车灭火器，对准起火部位进行扑灭，但禁止开启发动机罩灭火
车厢货物起火	车厢内易燃货物起火时，驾驶员应将车辆驶离重点要害地点（如人员集中场所），停车并迅速报警。同时驾驶员应及时取下随车灭火器扑救火灾。当火情一时扑灭不了时，应疏散附近群众，以免发生爆炸事故，造成无辜群众伤亡，使灾害进一步扩大
停车场发生火灾	在停车场发生火灾时，一般应视着火位置，采取相应的扑救措施和疏散措施。如果着火车辆在停车场中间，应在扑救的同时，组织人员疏散周围停放的车辆。如果着火车辆在停车场的一侧，应在扑救的同时，组织疏散火灾附近车辆

　　初期发生火灾时，只要灭火及时，方法正确，一般都可以将火扑灭。用灭火器灭火时，不要将灭火剂喷在燃烧的火焰上，而要瞄准火源。灭火时，应站在上风口处，顺风灭火。在灭火时要保护没有遮盖的皮肤并闭上嘴唇，以防灼伤上呼吸道。

车辆起火应急处置口诀

车辆起火要冷静，失火部位要分清；
灭火器材正确用，上风占位遏火情。

七、行人、牲畜突然横穿道路时的处置方法

　　事故案例： 2013年7月16日上午9时许，在307省道安徽省怀远县龙亢镇路段，一辆载有54名乘客的大客车正常行驶在公路上，突然，一个年龄约在5、6岁的小男孩跑到了路的中间位置停了下来。客车司机为避让小男孩，急转转向盘，但由于雨天路滑，大客车在公路上旋转180°后，撞上了电动三轮车，并发生了侧翻。

　　当发现有行人、牲畜横穿道路时，驾驶员应立即踩下制动踏板，减速或制动停车。禁止不考虑车速、行驶环境及其他行驶车辆等情况而急转转向盘避让，因为这样可能会酿成更严重的事故。驾驶员在行人、牲畜突然横穿道路时急转向借道行车易引发危险的情况见表7-1-3。

表7-1-3　行人、牲畜横穿道路时车辆转向避让易发生危险的情况

道 路 情 况	路 段 情 况	车 辆 情 况
高速公路	临崖路段	
无隔离设施的双车道道路	桥梁、隧道	车速很高时
山区道路	临水库路段	
	冰雪、湿滑路段	

道路客货运输驾驶员是一个危险职业。道路客货运输车辆发生交通事故，通常会造成巨大的人员伤亡和财产损失。事故一旦发生，驾驶员切忌惊慌失措、胡乱处置，而应冷静面对，妥善处理，将事故损失降至最低。

一、事故现场处理步骤和方法

当事故发生后，驾驶员应严格按照"停车救人、处置现场、报告事故"三个步骤进行。下面作详细介绍。

（一）立即停车，抢救伤员

一旦发生交通事故，驾驶员应立即停车，关闭发动机，切断电源，拉紧驻车制动器，开启危险报警闪光灯，并在来车方向设置警告标志，防止引发二次事故。需要特别留意的是，驾驶员在下车之前，应仔细观察现场交通状况，确保自身生命安全。

车内没有人员受伤时，应立即将所有人员转移到安全地带；事故现场有人员受伤时，驾驶员应立即拨打120急救电话，并积极主动救护伤员——根据伤员的伤情科学施救，对伤员进行伤口包扎、止血等处理。确认事故现场有死亡人员时，应保持尸体原地不动，用草席篷布、塑料布等物进行覆盖，等待公安交警及家属处理。

驾驶员必须具备一定的应急救护常识和技能，防止因救护方法不当而给伤员带来二次伤害。不具备应急救护能力时，驾驶员不要盲目移动和救治伤员。

现场情况较危急，有可能发生火灾、爆炸等事故时，应采取正确的搬运方法，及时将伤员转移到安全地带。

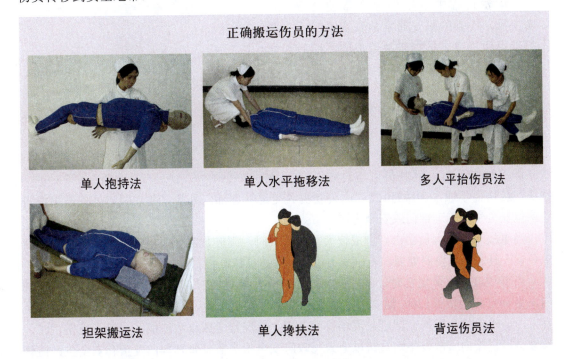

正确搬运伤员的方法

单人抱持法　　　　单人水平拖移法　　　　多人平抬伤员法

担架搬运法　　　　单人搀扶法　　　　背运伤员法

7

若无人员伤亡时，道路货物运输驾驶员应迅速抢救物资和车辆，如属投保了随车货物保险的贵重物资等，应及时通知保险公司和公安交警，在公安机关交通管理部门对事故现场做完勘测和鉴定，对所载货物核实完重量、体积及货物损失后，及时将货物转移到安全地带。如属一般物资，可酌情待现场处理完毕后再行处置。

（二）保护现场，施划标记

为了便于公安交管部门分析事故、划清责任，驾驶员应注意保护好现场，不破坏、伪造现场，同时制止他人破坏、伪造现场。

需要变动事故现场时，应当标记被移动的伤员、车辆、物品等的原始位置或进行拍照。遇到雨雪或刮风天气可能对现场造成破坏时，可用苫布等物品将现场的车痕、制动印痕、血迹等遮盖起来。

交警到达现场后，驾驶员应积极配合交警进行调查、取证，如实回答交警问题，将事故发生的时间、地点、接触部位、人员伤亡和车辆损坏等情况真实地反映给交警，听候处理决定。

当然，为了避免事故发生后，造成更大的伤亡和财产损失，驾驶员在正确处置现场的同时，必须按照有关程序向相关单位和部门及时报告。

二、事故报告程序和内容

在运输过程中发生事故，驾驶员应如实上报，不得隐瞒交通事故真实情况，不得肇事后逃逸。根据事故造成的不同后果，事故的报告程序也会有所不同。

当事故未造成人员伤亡，仅造成较小财产损失时，驾驶员应立即报告本单位安全生产管理部门或安全生产负责人，请求派人赶赴现场处理。安全生产管理人员无法立即赶往现场时，驾驶员可与对方协商解决。若协商不成，应拨打122，由公安机关交通管理部门处理，并立即将处理结果报告给单位安全生产管理部门或安全生产负责人。

当事故未造成人员伤亡，造成较大财产损失时，驾驶员应立即报告本单位负责人，请求负责人赶赴现场协商处理。若协商不成功，应拨打122，由公安机关交通管理部门处理。

当事故造成人员伤亡时，驾驶员一方面应立即拨打122，报告给公安机关交通管理部门，另一方面要拨打120，通知医疗救护单位进行人员急救。同时，还要立即报告单位负责人，请求单位负责人立即赶赴现场协商处理。情况紧急或事故造成了大量人员伤亡时，驾驶员可直接向事故发生地县级以上人民政府安全生产监督管理部门及负有安全生产监督管理职责的有关部门报告。

此外，如果事故现场出现火灾、爆炸事故，在自行扑救的同时，还应立即向消防部门报案，请求援助。驾驶员在营运过程中发生交通事故后应报告的对象及内容具体见表7-2-1。

表7-2-1　发生交通事故后应报告的对象及内容

应报告的对象	应报告的内容
公安交通管理部门	事故发生的时间、地点；人员伤亡情况；事故相关车辆类型、车辆牌号，是否载有危险物品、危险物品的种类等；肇事车辆的车型、颜色、特征及其逃逸方向、驾驶员体貌特征等有关情况；自己的姓名、联系方式；其他被问询的情况
车主或所属单位	事故发生的时间、地点及事故现场情况；事故的简要经过；事故已经造成或可能造成的伤亡人数和初步估计的直接经济损失；事故发生后采取的措施及事故控制情况；其他应报告的情况
消防部门	火灾发生的详细地址、时间；火势情况及已经采取的灭火措施；发生火灾的周围环境情况，如交通情况、建筑物状况、现场宽敞程度是否足够消防车进出等；火灾类型、主要燃烧物及火灾周围情况；自己的姓名及联系方式；其他被问询的情况
安全生产管理部门	事故发生单位概况；事故发生的时间、地点及事故现场情况；事故的简要经过；事故已经造成或可能造成的伤亡人数和初步估计的直接经济损失；已经采取的救援措施

模块三　事故后的脱困方法

行车过程意外在所难免，偶然一次的事故便有可能造成无法挽回的损失。因此驾驶员很有必要掌握一些事故自救、脱困方法，它有助于使自己、同伴和乘客尽早脱离危险环境，转危为安。

一、车辆碰撞

事故案例： 2013年12月08日上午8时许，在106国道新洲区三店街七里村路段，一辆牌照尾号为511的红色运沙大货车横在了国道上，路面留有10m多长的紧急制动轮胎印，另一辆装满黄沙的红色运沙车侧翻到路旁的田地里，两车的驾驶室都已严重变形，一车黄沙撒在了田里。

据目击者称，当天上午雾很浓，能见度低，尾号为511的货车因前面一辆小客车紧急制动，也被迫跟着紧急制动，结果车辆发生侧滑，并与对向驶来的装满黄沙的运沙车相撞。所幸对向驶来的货车驾驶员在撞击的瞬间，弯腰站在了座椅上，车辆侧翻驾驶室变形时未卡住他，他还瞅准时机成功跳车。尾号为511的货车驾驶员则被困在变形的驾驶室里，随后被交警救出，并被送往医院救治。

7

113

这位成功跳车逃生的驾驶员非常机智，他确实是熟悉并掌握了车辆碰撞时的自救方法，才能够在危急时刻运用所学的知识成功避免身体遭受损害。下面我们就来看看车辆发生碰撞时的自救和脱困方法。

（一）碰撞时的自救

根据碰撞部位的不同，车辆碰撞大致可分为左侧刮擦碰撞、右侧碰撞和正面碰撞三类，驾驶员应针对各类碰撞形式采取不同的自救措施与方法，以最大限度地避免或降低身体所受伤害。具体见表7-3-1。

表7-3-1　车辆碰撞时的自救方法

碰撞形式	自救方法
左侧刮擦碰撞	车辆左侧发生刮擦碰撞时，车门容易脱开，这时驾驶员身体应稍向右侧倾斜，双手握住转向盘，后背尽量靠住座椅靠背，稳住身体，避免被甩出车外。客车驾驶员或乘务员还应告知乘车向右侧倾斜，不要贴近车厢的左壁，以免车厢刮擦使乘客受伤
右侧碰撞	驾驶员的两只手臂应稍弯曲，紧握转向盘，以免肘关节脱位；身体应向后倾斜，靠紧座椅靠背，同时双腿向前挺直抵紧驾驶室底板，使身体固定在车内，以免头部前倾撞击前风窗玻璃，或胸部前倾撞击转向盘
正面碰撞	车辆正面碰撞的冲击力相当大，驾驶员应立即紧急制动并顺车转向，使正面碰撞变为侧面刮擦。如果碰撞不可避免，且撞击方位在驾驶员一侧，驾驶员应迅速抬起双腿，双手放掉转向盘，身体向右侧卧，以避免身体被转向盘挤压受伤

车辆碰撞应急处置口诀

调整行驶方向，避免正面碰撞；
缩小剐蹭角度，降低人财损失。

（二）碰撞后的脱困

发生刮擦碰撞和侧面碰撞时，车辆很容易出现侧翻的情形，脱困方式同"车辆侧翻"知识点的介绍。

发生正面碰撞时，驾驶员受伤害的可能性最大。在救援人员赶到之前，驾驶员应尽力自行脱困，以防发生二次事故。

步骤1：活动胳膊，看是否正常。

步骤2：松开安全带开关。

步骤3：挪动双腿，如果能轻松地将双

腿抽出，无剧烈疼痛，能活动自如，则缓慢走动到车外，避免跳动或跑动；如果双腿抽出后剧烈疼痛，应在他人协助下离开驾驶座，避免因走动加剧骨折；如果双腿无法抽出时，应保持原来位置，清除障碍物后再抽出，严重时等救援人员切割车体后再抽出双腿，避免造成双腿严重伤残。

步骤4：开启车门，如果驾驶员一侧车门无法正常打开，应立即请他人帮助打开；如果仍无法打开，应考虑从其他车门或者车的顶窗逃生。

二、车辆侧翻和坠车

车辆侧翻和坠车是电影、电视剧里面的常见情景，当主人公满身是血，跌跌撞撞地从侧翻的车内爬出来时，我们不禁为他捏了一把汗。如果真的突发此类事件，能否正确应对，关系着生命安全。

> **事故案例：** 2013年10月31日凌晨，沈海高速上海方向浙闽收费站附近发生一起客车翻车事故，事故造成1人死亡，5人受伤。
>
> 事故客车是一辆从梅州开往宁波的宁波籍车辆，事故造成客车冲出高速翻下路基并导致多人被困。当时客车内共有14名司乘人员。救援队员抵达现场后发现，2名乘客在客车翻下路基时被甩出车厢，其中一名乘客经现场医务人员确认死亡，另一名乘客被甩出后，又被客车车厢压住无法动弹，其余12人被安全疏散。随后，救援官兵合力推动客车车厢，将被困乘客救出。

车辆发生侧翻和坠车事故后，经常呈现90°侧立或180°倒立的状态。车辆状态不同，脱困的方法也不同。

（一）车身翻转呈90°侧立

发生类似状况后切勿惊慌，不要急于解开安全带，应从最上方的人员开始，按照以下步骤脱困。

步骤1：将被压在下方的腿抽出，支撑在底下的车体或仪表板上，同时注意避免伤及其他人员。

步骤2：将被压在下方的手支撑在另一个座椅的靠背上（不要支撑在头枕上），从而减轻安全带的负荷。

步骤3：用另一只手沿着安全带向下方寻找安全带开关，松开安全带锁扣。

步骤4：将另一只腿拖出，以便从打开或砸开的车窗、车门离开事故车辆。

步骤5：头伸出车外，上身爬上车窗框。上身脱出后，臀部要轻轻坐在车顶部分，动作要稳，因为一点点的摇晃都可能使车辆由90°翻滚变成180°倒立。

步骤6：最后抽出双腿。但此时千万不可急于向下跳，如果用此姿势跳下去，车辆可能会再翻一次。必须将身体反转过来，以面向车辆的姿势轻轻滑下车体。

（二）车身呈180°倒立

此时车内人员被安全带绑住，呈头下脚上的姿势。因此松开安全带前一定要先找到支撑点。客车中相邻而坐的乘客，在有限的空间内必须逐一脱困，不能同时进行。具体步骤如下。

步骤1：将置于外侧的手放在头底下，为了保护颈椎，应将下巴压向胸骨。

步骤2：用双脚撑住仪表盘或其他固定物，使背部紧贴住椅背，撑起身体。

步骤3：内侧的另一只手滑至安全带扣处，将带扣松开。

步骤4：双手及膝盖撑在车顶上，向内滚动离开。

三、车辆落水

事故案例：2012年12月8日11时30分许，一辆中巴客车由东向西行驶在南华大道上，和客车并行的一辆电动车突然向左拐弯，客车驾驶员左转转向盘避让，导致客车翻入路南的池塘里。该起事故共造成11人死亡。

据乘客葛某回忆，事发时他坐在驾驶员后面，车入水中后，他开始寻找出口。他憋着气摸到了前挡风玻璃上一个破开的口，他用头撞、用手抠，一点点扒，喝了几口水后，玻璃上的口大了，他从里面钻了出来。这个缺口后来成了很多人的"生命通道"。

乘客毕某说，他是最后一个活着从里面钻出来的人，从车里钻出来之后，因为不会游泳，只好站在车顶上。当看见有人漂在车顶的天窗下，就想方设法把这些乘客拽出来。最后一共有23人成功获救。

车辆落水后，只要掌握正确的脱困方法，逃生的几率还是非常高的。

当车辆落水后，可依据表7-3-2提供的脱困方法积极自救。

表7-3-2　车辆落水后的正确脱困方法

情 形	步骤	具 体 做 法	注 意 事 项
车辆发生侧翻	1	车辆落水发生侧翻以后，要保持冷静，侧翻后应迅速判断车身姿态	
	2	发生侧翻后不应马上解开安全带，车辆侧翻后基本不可能打开车门，这时只能通过车窗逃生	
	3	判断更靠近水面的车窗，从靠近水面车窗砸窗逃生	
	4	砸窗前深吸一口气，在击碎前遮住脸和手部。玻璃击碎后大量水涌入，要一手扶住安全带随时准备解开，另一只手要抓紧门框或窗框	尽可能寻找可漂浮物品
	5	砸开车窗后，抱住漂浮物迅速离开汽车，当车辆还在下落时要迅速离开汽车，并迅速游向水面	游到水面后寻找救援

情　形	步骤	具　体　做　法	注　意　事　项
车辆没有发生侧翻	1	车辆落水后非常危险，首先要保持冷静，不要惊慌。应迅速辨明自己所处位置，并制定逃生方案	面部尽量靠近车顶以获得更多空气
	2	车辆掉入水中后第一时间打开车门和车窗，尝试打开车灯作为求救信号	及时利用就近侧门逃生
	3	如果无法打开车门和车窗，随着车辆继续下沉，车内外会有很大压差，此时车门就更不容易打开，这时就要选择砸车窗方法逃生	砸窗前不要解开安全带，防止被涌入的水流冲倒
	4	利用安全锤、车载灭火器等坚硬、尖锐物体砸碎车窗，玻璃击碎后大量水涌入，要一手扶住安全带随时准备解开，另一只手要扶住车门把手。然后寻找漂浮物放在身边，解开安全带逃生	优先砸车窗边缘和四角，小心玻璃划伤自己；如果安全带无法解开，可利用尖锐物体将其割断
	5	逃出车外后保持面部朝上，如果不会游泳在离开车前尽量找一些可以漂浮物抱住	迅速游向水面寻求救援

车辆落水脱困口诀

摇下车窗最重要，碎窗开门也可行；
身边工具巧利用，互助合作脱险境。

四、车辆起火

> **事故案例：** 2013年7月1日14时许，清远市清连高速连南县白面峰路段一辆大客车突然着火，当时，客车驾驶员发现车辆着火后，立即紧急制动，并迅速打开车门，将客车上的50余名乘客全部疏散到安全地带。由于天气高温，烈火迅猛吞噬了车身，轮胎也开始冒烟，高速交警赶来后，封闭了高速公路，控制了车辆通行。连南县消防中队接警后，出动消防车到场灌救，经过近1h熊熊大火才被扑灭，而客车已基本焚毁，轮胎烧化露出轮毂，里面的座椅只剩下铁架，如果不是司机及时冷静处置，组织乘客有序逃生，后果不堪设想。

　　道路旅客运输车辆起火后，驾驶员如果不能迅速组织乘客逃生，往往会造成群死群伤的严重后果。同样，运载易燃物品的道路货物运输车辆一旦起火，火势蔓延迅猛，很难在短时间内控制火势，如果驾驶员不能及时脱困，也极有可能造成严重伤害。因此，车辆起火后，快速、有效、正确的逃生及脱困方法至关重要。

7

（一）货车起火后驾驶员脱困

道路货物运输车辆起火后，如果驾驶室车门能够正常开启，驾驶员应尽快逃离车辆，并采取紧急救火措施。措施无效时，驾驶员应迅速离火灾现场并报警。

如果车门不能正常开启，驾驶员应使用安全锤等尖锐物敲碎车窗玻璃，迅速逃生并报警。

（二）客车起火后脱困

客车起火后的逃生、脱困方法，如表7-3-3所示。

表7-3-3　客车起火后的逃生、脱困方法

方　法	说　明
打开车门应急开关，从车门逃生	有些应急开关位于驾驶员座位旁边，有些在车门顶部，形状大多数为扳手状，类似于电扇的挡位开关，旁边一般都有操作说明。驾驶员应迅速开启应急开关或指导乘客打开车门逃出
使用安全锤等尖锐物击碎玻璃，从车窗逃生	安全锤一般悬挂于乘客座位旁边的车框处，被困人员应迅速取下安全锤，敲击车窗玻璃从车窗逃脱
从车顶"通风口"逃生	长度大于7m的客车车顶都有安全顶窗，即平常所说的通风口。紧急时刻，可按照安全出口扳手处粘贴的推拉方向标志和开启方法标牌的操作方法打开安全顶窗逃生。如果无法够及逃生窗，车内人员应给予帮助，先将一人托举出去，再通过上下接力，将被困人员救出车厢
利用车厢后部安全门逃生	大部分空调客车都设置有安全门，驾驶员可引导坐在车厢后部的乘客迅速从安全门逃生

需要特别注意的是，车辆起火后应有序逃离，切勿拥挤在门口，也不要盲目冲出车外。因为万一车外有其他车辆经过，容易造成二次伤害。客运车辆起火时，驾驶员应号召先逃离的乘客协助其他乘客逃生，组织逃生时注意让老人、小孩及妇女先行。

模块四　驾驶员及乘客突发疾病的应急处置

在运输过程中，驾驶员或乘客会有身体突然不适情况的发生，此时，需要驾驶员掌握一定的应急处理方法，以免出现事故，造成不必要的损失。

一、驾驶员突发疾病

事故案例：2012年6月29日中午，泸州籍48岁的客车驾驶员罗师傅驾车行驶在从泸州开往成都的高速公路上。当客车进入资阳服务区时，罗师傅突然感觉脑袋出现了轻微的胀痛。便在服务区休息了大约20min，当胀痛感消失后，他又重新出发。

然而，就在客车刚开出服务区约10km后，罗师傅突然发现自己右半身完全失去了感觉。发现异样后，他赶紧用左手扶住转向盘，并试图踩踏制动踏板让车子停到路边，但此时右脚始终抬不起来。客车就这样晃晃悠悠地大约又行驶了100m后，罗师傅见势不对，奋力用左脚踩在右脚脚背上，几次用力，终于成功将车缓缓地停在了应急车道上。

客车稳稳停住后，罗师傅用尽最后的意识和力气，用左手按下位于身体右侧的车门按钮，然后一头趴到了转向盘上。他在突发疾病的情况下，完成了减速、靠边、停车等一系列急救动作，保证了车上33名乘客的生命安全。了解了情况的乘客，拨打了120急救电话，并在救护车到来前始终在身边照顾罗师傅。事后，罗师傅被医生诊断为突发急性脑梗塞。

疲劳驾驶、饮食无规律、熬夜，无时无刻不在摧残着驾驶员的身体，是危害其健康的三大"杀手"。正因如此，心肌梗塞、心绞痛、冠心病、房颤（心力衰竭）或中暑等疾病时常会突然爆发，对驾驶员生命及行车安全构成了严重威胁。

（一）驾驶员突发疾病的应急处置

驾驶员感到身体不适时，应立即开启危险报警闪光灯警示其他车辆，选择安全地带停车，打开车门告知乘客原因。驾驶员在有知觉的情况下，应及时采取自救措施，服用随身携带的药品，缓解不适感，并向公安机关交通管理部门报警，同时向车队管理人员报告，告知自己的身体状况及车辆停放位置，请求救助。此时也可向车内乘客求助，如果车内有乘客是医务人员，则可对患病驾驶员采取紧急救助措施，为后续救援争取时间。如果病情严重，应立即拨打120求救。

（二）预防疾病突发的措施

驾驶员的职业特点决定了其长期处于紧张、复杂的工作环境之中，心理和生理都承受着巨大的压力，极易引发各种心理和生理疾病。驾驶员应定期进行身体检查，及早排查各种影响身体健康的隐患；平时要养成良好的饮食、作息习惯，保证充足的睡眠。同时，驾驶员要学会有效的心理调节方法，避免各种不良心理引发疾病。

出车前，驾驶员不仅要检查车辆的技术性能，还要对自身的身体状况进行检查。若有不适或身体正在患病就尽量不要上岗驾车，防止行驶途中突然发病或病情加重。

二、乘客突发疾病

事故案例：2013年7月16日上午8时许，刘师傅驾驶客车自聊城汽车总站前往济南广场站。9时30分许，车辆行至济聊高速齐河段时，突然发现车内一名20多岁的女士手捂腹部直颤抖，可能是突发急性阑尾炎。

见情况紧急，刘师傅在征得车上旅客同意的情况下，决定将这位女士送往附近的医院。刘师傅开启危险报警闪光灯，并联系附近的交通巡警说明情况。交通巡警经过联络为大客车开通了应急绿色通道，在众人和交警的协助下，刘师傅驾驶大客车很快将病人送到了附近的医院。

（一）乘客突发疾病的应急处置

若车上乘客突发疾病，旅客运输驾驶员或乘务员确认病症后，及时检查乘客身上是否携带急救药物，并尽快帮助其服下。当发现乘客没有随身携带药物时，应直接拨打120求救，或在征得其他乘客同意后，将患病乘客送往医院。在送往医院的途中和急救车赶到之前，在车内寻找医务工作者，为抢救病患争取时间。在高速公路等特殊路段乘客突发疾病时，驾驶员和乘务人员可以与附近巡逻的公安交警联系，由公安交警负责和相关部门或机构联系，为救人开辟特殊通道。

尽快将乘客送往医院救治是最保险的措施，但在这一过程中，驾驶员如若能够懂得一些急救常识（见表7-4-1），那就再好不过了。

表7-4-1　5种常见突发疾病的急救常识

突发疾病	典型症状	急救措施
心脏病	乘客出现胸闷、心前区不适，多半是心脏病突发	可向病人确认病史，一旦发作应立即停止任何活动，就地安静休息，并服下速效救心丸，在5分钟左右即能奏效，如有需要，及时送往医院诊治
低血糖	若乘客面色苍白、满头大汗，这是低血糖的典型症状	若病人自述长时间没有进餐，应立即寻找糖块或饮料等甜食给乘客食用，如有需要，及时送往医院诊治
癫痫病	乘客四肢颤抖不受控制，严重的有口吐白沫、意识障碍	立即让病人平躺，头偏向一侧，使口腔分泌物流出，寻找可利用的物体（如笔）垫在病人上下牙之间，防止咬伤舌头
哮喘病	乘客突然呼吸困难，并伴有哮鸣音	安抚乘客不要紧张，让其身体稍微向前倾，靠在手肘或手臂上，大口呼吸新鲜空气，并立即送往医院
昏迷	若乘客称忽然头晕，首先要考虑是否是晕车或中暑；若乘客口齿不清而迷晕时，可能是食物中毒等其他原因	立即找来纯净水给病人饮用，尽量多喝一点。必要时送医或报警

（二）预防乘客突发疾病的措施

（1）保持车辆良好行驶状态。车辆的行驶状况直接影响乘客的身体反应。车辆在路上时而快，时而慢，走走停停，易导致乘客出现晕车、呕吐等不良反应；车辆紧急启动、制动有可能会造成乘客心脏病等疾病发作。

（2）保持车内良好乘车环境。车厢内的温度、湿度和噪声等会对乘客的身体产生很大影响。闷热、潮湿、嘈杂的车内环境会使乘客出现胸闷、气短、烦躁等症状，进而可能引发乘客晕厥。为了避免乘客途中突发疾病，一定要为乘客创造良好的乘车环境。

（3）对特殊乘客给予特殊关照。年迈、体弱或身患疾病的乘客及孕妇是突发疾病的高危人群。驾驶员应对这类乘客多一些照顾，尽量为他们安排舒适的乘车位置。

（4）创造融洽的乘车氛围。有些乘客可能因为某些原因，会与其他乘客或者工作人员发生争吵，导致情绪激动而突然引发疾病。为了避免这种情况的出现，应努力为乘客创造融洽的乘车环境，使乘客保持良好的乘车心情，消除疾病诱发因素。

<table>
<tr><td>模块五</td><td>客车反恐与货车防盗</td></tr>
</table>

近年来，针对客车的恐怖袭击事件时有发生，货车出现货物失窃现象也屡见不鲜。驾驶员掌握一定的反恐和防盗知识，有利于保护乘客和货物安全。

一、客车反恐

时常有恐怖分子利用道路运输车辆和乘客进行恐怖活动，包括劫持乘客作为人质提出非法要求、劫持车辆进行犯罪活动等。针对此类恐怖劫持行为，驾驶员应有一定的应对原则和措施。

（一）预防恐怖劫持的原则和措施

驾驶员预防恐怖劫持的原则和措施主要包括以下几个方面：

（1）提高反恐意识。提高自身反恐意识，发现乘车人员神色、表情等异常及道路通行车辆行驶轨迹或意图异常时，应提高警惕，做好防范。

（2）落实安保制度。严格落实道路运输企业制定的安全保卫制度，保证车载监控系统有效，在运输过程中及时向企业汇报车辆安全运营情况。

（3）按照企业事先制定的反恐预案，做好反恐准备。

（4）沿途停车多注意。选择安全地点停车时，尽量把车辆停在视线可及的范围内；停车后一定要锁好车门和车窗并保管好车钥匙。

（5）时刻检查车辆。在每一个停靠点都要对上车的乘客及行李进行检查；终点站时对遗留在车上的可疑物品及时排查并妥善处理。

（二）应对恐怖劫持的原则和措施

驾驶员应对恐怖劫持的原则和措施，如表7-5-1所示。

表7-5-1 应对恐怖劫持的原则和措施

原　　则	措　　施
保持冷静，安全第一	为了确保生命安全尽量按照恐怖分子的要求去做，不要与罪犯进行正面对抗
小心谨慎，仔细观察	仔细观察并记下恐怖分子的显著外部特征（如衣服的颜色，身高等）
忍辱负重，见机行事	不要与恐怖分子发生正面冲突，但要时刻做好防范准备，寻找机会向外界发出求援信息
做好记录，保护现场	当恐怖分子逃离现场后，要记录下恐怖分子的逃离方向和方式；不要破坏任何留有恐怖分子指纹和印记的物体

二、货车防盗

货车在运输过程中经常会发生货物被盗事件，特别是长途货物运输，途中需要停车加油或休息，所以货物被盗风险较短途运输更大。为了防止货物被盗，驾驶员需要做到以下几个方面：

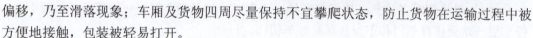

（1）安装防盗装置，运用技术手段进行防范。

（2）合理装载、苫盖严实。货物装车时一定要摆放合理，防止货物出现偏置、偏移，乃至滑落现象；车厢及货物四周尽量保持不宜攀爬状态，防止货物在运输过程中被方便地接触，包装被轻易打开。

（3）行驶时，应密切注意装载货物及周围车辆行驶状况。

（4）安全地点停车。中途需要停车时，要选择在正规的停车场或有人看管的停车场；停车时注意不要将梯子、罐体容器或货架等放在车外，犯罪分子很容易借助这些物体爬到车顶。

（5）随手锁门。驾驶员要养成离车后随手锁门的习惯，这是确保安全的首要条件，切不可麻痹大意，或者抱有侥幸心理。

（6）人不离货。确保货物时刻处于被看守状态，车辆卸货时也不能大意，也要留有专门人员看护车辆和货物。

 单元问答

1.如果您驾驶的是客运车辆，在事故现场，您如何保护旅客的安全？

2.如果您驾驶的是货运车辆，在事故现场，您又应如何保护货物的安全？

单元八　道路运输知识

🔘 **学习目标**

　　道路旅客运输驾驶员：掌握道路旅客运输运营管理基础知识，道路旅客运输服务要求和业务流程。

　　道路货物运输驾驶员：掌握道路货物运输运营管理基础知识，道路货物运输服务要求和业务流程。

　　道路运输驾驶员是道路运输行业的主要从业者，所以应当熟知运输安全管理相关制度，掌握运输基础知识和业务操作流程，了解行业发展新动向，跟上时代发展的步伐，为踏上旅途的乘客排忧解难，确保运输物资的安全和及时送达。

模块一	道路旅客运输知识

　　道路旅客运输是用客车通过道路运输来实现旅客的位移，向旅客提供服务的过程。道路旅客运输的服务对象是人，具有不同于其他运输类型的特点，安全、便捷、准时、经济、舒适、文明是旅客对运输质量的要求。

　　为了满足这一要求，道路旅客运输驾驶员应充分调动主观能动性，深入学习、熟练掌握道路旅客运输知识，不断提升自身综合素质。

一、道路旅客运输安全管理主要制度

　　严格遵守安全管理相关制度，是确保行车安全的基础条件。在道路旅客运输活动中，

8

"三关一监督"已成为运输安全管理的重要环节。除此之外，为加强和规范汽车客运站的安全生产和源头安全管理工作，相关企业和人员还应严格遵守"三不进站、六不出站"管理规定和安全告知制度。

（一）三关一监督

"三关一监督"是对道路运输条例的高度概括和总结，是道路运输行业保障安全生产的基础性制度。

1. 三关

道路运输行业的"三关"包括以下内容：

（1）严把运输经营者市场准入关。不符合许可条件，特别是安全生产条件不符合要求的道路运输企业，要被责令退出道路运输市场。

（2）严把营运车辆技术关。对客运车辆进行定期维护、检测，对行车记录进行全面检查，不符合技术标准的客运车辆要被强制退出道路运输市场。

驾驶员在出车前、行车中和收车后要做好车辆的日常检查和维护，确保车辆技术状况良好，减少因车辆机械故障等原因造成的事故。

（3）严把客运驾驶员资格关。有关部门要对所有客运驾驶员进行安全教育，并严把考试关，不符合资格的客运驾驶员一律不得进入道路运输市场，驾驶证已被公安机关交通管理部门记满12分或发生重大交通事故并负有主要责任的驾驶员，坚决不得驾驶客运车辆。

驾驶员应严格遵守道路运输企业的安全规章制度和操作规程，持证上岗。按时参加企业开展的安全教育和培训，学习法律法规、提高职业道德、培养安全意识、掌握所需的安全驾驶技能，提高事故预防能力和紧急情况应急处置能力。

2. 一监督

"一监督"的主要内容是搞好汽车客运站的安全监督。督促汽车客运站建立健全安全管理制度，严禁旅客携带易燃易爆危险品进站、上车，不放超员车辆、带病车辆出站。

（二）三不进站、六不出站

"三不进站、六不出站"管理制度是对《汽车旅客运输规则》、《道路旅客运输及客运站管理规定》等法规条文和客运站实际工作的归纳总结。具体内容见表8-1-1。

表8-1-1　三不进站、六不出站

三不进站	六不出站
（1）易燃、易爆、易腐蚀物品不进站； （2）无关人员不进站（发车区）； （3）无关车辆不进站	（1）客车证件不齐全不出站； （2）超载客车不出站； （3）安全例检不合格客车不出站； （4）驾驶员资格不符合要求不出站； （5）出站登记表未经审核签字不出站； （6）驾驶员和旅客未系安全带不出站

（三）道路客运安全告知制度

2011年，交通运输部发布《关于积极推行道路客运安全告知制度有关事项的通知》（交运发〔2011〕396号），要求在班车客运车辆、旅游客运车辆上推行安全告知制度。

1. 安全告知内容

安全告知的主要内容包括以下内容：

（1）客运公司名称、客车号牌、驾驶员及乘务员姓名和监督举报电话。

（2）客运车辆核定载客人数、行驶路线、经批准的停靠站点、中途休息站点。

（3）法律法规规定事项，如禁止旅客携带或客运车辆装运危险品，禁止超载、超速、疲劳驾驶，连续驾驶时间不得超过4h，禁止在高速公路上和未经批准的站点上下客，禁止携带危险品进站上车，禁止改变线路行驶，禁止关闭卫星定位系统，禁止客车22时至凌晨6时途经三级以下山区公路等达不到夜间安全通行条件的路段，卧铺客车凌晨2时至5时停车休息及客运票价的有关规定等。

（4）车辆安全出口及应急出口逃生、安全带和安全锤使用方法。

2. 安全告知方法

安全告知方法包括以下三种方法：

（1）由乘务员或驾驶员在发车前向乘客告知。

（2）在车内明显位置标示客运车辆核定载客人数、经批准的停靠站点和投诉举报电话。

（3）由省级交通运输主管部门统一制作音像资料，向客运企业免费发放，并在客车发车前向乘客播放。

客运安全告知口诀

安全告知很重要，告知事项需记牢；
公司名称和车牌，人员姓名加举报；
核载人数和线路，停靠站点通知到；
规定事项要明示，安全逃生指点到；
时时刻刻讲安全，齐心协力保平安。

8

道路运输驾驶员强制休息制度

2012年1月份，公安部、交通运输部联合下发了《关于进一步加强客货运驾驶人安全管理工作的意见》（公通字〔2012〕5号）。该文件要求严格落实强制休息制度。规定客货运驾驶员24h内驾驶时间不得超过8h（特殊情况下可延长2h，但每月延长的总时间不超过36h），连续驾驶时间不得超过4h。

二、乘客出行心理需求和服务规范

"满足旅客需求、方便旅客出行"是对道路旅客运输从业人员提出的最基本要求。不同的职业、性格特征、出行目的决定了旅客出行需求各不相同。但"安全、便捷、方便、舒适"却是旅客对道路运输服务的共性需求。驾乘人员应了解他们的出行心理，为旅客排忧解难，切实保证服务质量。

当然，旅客除了有共性的心理需求外，因性格、文化水平、社会经历等不同，还会有个性化的心理需求。掌握旅客固有的心理特征，运用恰当的表情、言语和服务，对症下药，可以让乘客对你的服务满意。具体见表8-1-2。

表8-1-2　旅客个性心理需求及服务规范

类　别	界　定	心理特征	服务规范
防范型	老年人、进城务工人员等平时较少单独乘车的群体	谦恭、谨慎、忧郁，防范心较重，痛恨被人欺骗	驾驶员必须亲切慎重，寻找彼此共通点，消除他们的紧张感；一旦出现工作失误时，要主动说明原因，寻求合理的解决办法，不可等他向你兴师问罪时再做解释
主导决策型	有知识背景、社会地位或财富的群体	自信、有优越感	驾驶员必须服务规范，服务讲礼仪，有自信，声音略洪亮清晰，不卑不亢
情绪波动型	感情失意或者经商失利等正经受挫折的群体	行为冲动、言语粗暴，愤世嫉俗	驾驶员必须以亲切的态度，有礼貌，慢慢地说明，且留心他的表情变化；不跟他们争论，避免激怒对方
平静思索型	公务员、教师、学者等具有较高文化水平的群体	内敛、善于观察、有主见、了解详细，不轻易表态	驾驶员必须服务规范，服务讲礼仪，诚实对待，解释有耐心，就事论事，以理服人

8

徐师傅是一名有着20多年驾龄的客车司机，他憨厚朴实，待人诚恳，虽然话语不多但经常面带笑容。自加入客运行业以来，他始终按照"老老实实做人、安安全全开车"的原则服务乘客，将"乘客至上、服务第一"作为经营宗旨，自觉遵守公司和客运站的各项管理制度，以一名合格驾驶员的标准严格要求自己，以最优质的服务满足各位乘客的要求，时刻把乘客当作上帝，以文明服务礼貌待客赢得乘客的满意，受到了同行的一致称赞，连续多年被公司和客运站评为优秀驾驶员。

他始终对车辆的外观等方面严格要求（每天保证出车前车辆干净，车况良好，防止病车上路，行车中保证安全驾驶，不违反交通法规，让乘客放心乘坐，收车后要检查车辆，为第二天的运营做好准备），用优质的服务，良好的行车信誉来满足乘客。

他在工作中始终把安全放在首位，无论是春夏秋冬还是刮风下雨，都能就就业业，始终如一，始终牢记一句话"千重要、万重要、安全行驶最重要"，从而在交通安全工作中从未发生考核事故。多年来，他文明行驶，安全行车，将事故隐患消灭在萌芽；他尊老爱幼，拾金不昧，乐于助人，懂得换位思考，能想乘客所想，急乘客所急，无论乘客丢失在他车上什么东西，他总是想办法找到失主，乘客提出来的要求，他都尽量满足。他在平凡工作中感召着周围的人们。

三、道路旅客运输的运营调度

"最美司机"吴斌平凡而又充实的一天

早上6：40，天刚蒙蒙亮，距发车时间（温州——丽水）还有1h，吴斌抵达办公室，准备开始一天的客运工作。

7：00，吴斌来到他驾驶的"浙K93××"客车，戴上白手套，开始检查车辆，为出车做准备。敲敲轮胎，试试灯光，测试一下发动机，检查一遍机油，看看皮带。检查完车子外观后，吴斌又发动客车的发动机，一方面给车辆进行预热、同时也看看各个仪表是否正常运转……出车前，对车辆进行检视，每一个项目都得做一遍详细检查。

7：15，在各项检查全部就绪后，吴斌把客车开到了发车位，做好发车前的报班准备，就在客车旁等候旅客上车。遇到年纪大的，或者抱着小孩、行李多的，主动上去帮帮忙。

7：40，在检查了每一位旅客的安全带后，吴斌驾驶着"浙K93××"客车缓缓地开出了客运西站，驶向温州。一路上，吴斌双手握稳转向盘、两眼注视前方，并一路保持着这一"标准姿势"。

9：10，客车平安抵达目的地。在帮助旅客搬运完行李、安装好回程的货物后，吴斌没顾得上歇一歇、喝口水，又开始忙着给客车做安全检查。

吴斌长期以来养成的爱岗敬业、认真负责的工作态度和"一切为了旅客"的信念，为安全行车打下了基础，同时也赢得了同行的广泛赞誉：业务水平高，对待车检、报班、签单、调度等工作都是非常负责；服务态度好，为人热情、礼貌，主动帮助旅客；遵章守纪，安全驾驶无事故，从不超速行车……

运营调度是旅客运输管理中一项重要的职能，是指挥监控车辆正常运行、协调生产过程以实现车辆运行作业计划的重要手段。旅客运输的运营调度内容大致分为：报班、填单、调度组织、出站和应急处理。驾驶员应了解运营调度中自己的角色和任务。

（一）报班

1. 持《安检合格通知单》和相关证件报班

《安检合格通知单》由安全例检机构检查人员出具。驾驶员应配合检查人员对营运客车进行的检查，并耐心等待检查人员填写《营运客车安全例检项目登记表》。车辆经检查合格后，接收由安全例检机构站长或安全例检人员签字的《安检合格通知单》。

在发车前30min，驾驶员持《安检合格通知单》和相关证件，到汽车客运站调度室报班，并接收车辆调度员对营运客车《安检合格通知单》、行驶证、道路运输证、驾驶证、从业资格证、承运人责任险以及车辆卫星定位系统运行情况的查检。在确认齐全有效后，等待调度员填写《营运客车应班登记表》。

2. 计算机刷卡报班

除传统的报班方式外，近几年很多省市开始实施计算机报班制度。计算机报班的原理是将营运车辆的二级维护有效期、核定座位数、车型、驾驶员姓名、资格证等提前存入计算机室和报班卡中，驾驶员持报班卡经调度室计算机扫描之后就可成功报班。计算机刷卡报班可以有效提高工作效率和客运站对驾驶员的日常管理力度。

3. 进入预定发车车位，做好准备

报班通过的驾驶员应提前开车进入预定发车位，做好发车准备。

4. 检票人员开始检票

检票人员检票时，驾驶员应耐心等待。乘客较多、现场较为混乱时，驾驶员应协助乘务员维持上车秩序。遇到携带行李的乘客，驾驶员应打开行李舱，与乘务员一起帮助乘客放好行李。

（二）填单

1. 客运行车路单

《客运行车路单》是由调度人员签发的行车命令，乘务员应主动提请调度人员签发行车路单，车辆未配备乘务员时，由驾驶员申领行车路单。驾驶员要严格执行无路单不行车的运输纪律。

2. 行包交接清单

在始发站或有站房的中途站有行包上车时，乘务员应根据行包交接清单和行包票随车联对号点件，做到清单、票号、件数、车号四对口。工作人员装车时，驾驶员和乘务员应在旁监装，做好划号记录，待行包按要求装妥并盖严捆好后，驾驶员或乘务员在交接清单上签收。

3. 客运结算单

客运结算单是客运经营最重要的原始依据，站务人员签填时应注意班次、人数和票款的准确无误及完整、清晰。客运结算单或行车路单在站务签章后才能出站。

4. 出站前安全驾驶教育登记表

出站前，驾驶员应积极、主动接受安全驾驶教育，并在《出站前安检员对驾驶员安全驾驶教育登记表》上签字。

5. 出站安全检查登记表

出站时，出站检查员认真核对出站客车实载旅客人数并签字，驾驶员在登记表上签字确认后，方可通行。

（三）调度组织

在调度组织中，调度员要根据运行作业计划的安排，落实好次日当班车辆和人员。驾驶员发现以下情况时，应及时报告调度员。

（1）车辆临时出现故障，不能按时出车。

（2）出现气候变化、道路堵塞、班车绕道、停车等特殊情况。

（3）车辆在营运范围内出现故障、事故等情况。

（四）出站检查

车辆出站，实行一班一检制度。驾驶员应主动配合检查人员对车上实际载客人数、行包数量、车辆技术等情况的检查核实，并对实际情况进行签字确认，待检查人员在随车行车路单上加盖车辆出站检查专用章后出站。

（五）应急处理

一旦发生车辆脱班、误班、站内其他紧急情况或意外情况，导致乘客滞留在车站或途中时，驾驶员应全力配合和协调调度员做好加班和换班的工作。

若上述状况引发突发事件，驾驶员应服从企业安排，全力配合相关工作的实施。

8

四、服务纠纷等异常情况的处理

> **事故案例**：2012年12月11日，乘客付某乘坐被告胡某驾驶的大型客车从湖北返回湖南老家，当车行至湖南澧县涔南乡境内时，因路况不好及车速过快等原因客车严重颠簸，造成原告付某受伤致残。
>
> 法院经审理认为，原告付某购票上车后即与客运公司建立了运输合同，客运公司负有将旅客安全送达目的地的责任，驾驶员胡某行驶在道路状况不良的情况下不按操作规范安全行驶、不减速慢行的行为，违反了《道路交通安全法》的有关规定，造成此次事故，客运公司应向原告进行赔偿。

　　道路旅客运输途中难免会遇到路况突然发生变化的情况。此时，驾乘人员有义务提前告知旅客，并提醒大家坐稳、注意行李物品的安全。在运输过程中乘客所带物品毁损，承运人有过错的，例如，车辆技术状况或设备有问题，驾驶员违章驾驶或违章操作、擅自改变运行计划，应当承担损害赔偿责任。同样，遇到与乘客发生纠纷、乘客行李物品丢失、乘客之间发生争吵等异常情况时，驾乘人员也应妥善处置。具体见表8-1-3。

表8-1-3　各类异常情况的处理办法

异常情况	处理办法
与乘客发生纠纷	运输过程中，当与乘客之间发生纠纷时，驾乘人员应心平气和地认真倾听乘客的意见和要求，重视乘客的抱怨与投诉，虚心接受乘客意见，遵守客运服务承诺，履行客运服务义务
行李物品遗失	行驶途中乘客丢失行李物品时，首先要了解乘客上车地点、丢失地点和丢失时间的长短，然后动员同车乘客协助查找，但不要影响正常运营。如果在车厢内发现可疑对象，可向附近派出所报案
乘客出现吸烟、拖鞋等不文明行为	遇乘客吸烟、脱鞋等不文明行为时，驾驶员应予以制止，并劝告、提醒乘客做到文明乘车。为乘客提供良好的乘车环境，如同为乘客提供乘车安全一样，是驾乘人员应当履行的责任
遇醉酒乘客	遇醉酒乘客乘车时，可以动员周围的乘客帮助照顾，了解下车地点，到站时提醒其下车。准备好塑料袋、矿泉水等，以防行车中乘客呕吐
遇乘客之间发生争吵	遇乘客间发生争吵，影响正常行车时，应先将车辆停靠于安全地带，耐心地安抚乘客情绪，进行调解。如果场面失控，可拨打110报警
遇车内儿童玩闹	遇车内有玩闹的儿童时，应提醒随行的大人注意照看，以防车辆紧急制动或转弯时发生意外

　　总之，提供优良服务、营造优美环境、维持优良秩序，是客运企业、汽车客运站始终努力的方向和目标。在日常运输中，驾乘人员应严格执行"三优三化"规范，稳妥处理各

类异常情况。

五、乘客禁止携带危险品种类、规定及其识别

道路运输事关人民群众的生命财产安全，责任重于泰山。对客运企业、汽车客运站而言，危险品安全检查工作尤为重要。因为一旦危险品被携带上车，如果发生意外，后果将不堪设想。

因乘客携带危险品上车，导致客车燃烧甚至爆炸的事故时有发生。这就要求汽车客运站做好安全检查工作，虽说如今绝大多数客运站都设有安检设备，可难免会因人员众多、安检员视觉疲劳而漏检的状况发生。此时，驾乘人员便成了保障乘客生命财产安全的最后一道屏障，千万马虎不得。

（一）乘客禁止携带危险品种类和规定

做好危险品的识别是加强客运车辆安全检查和事故预防工作，避免起火、爆炸等恶性事故发生的重要途径。《汽车旅客运输规则》第39条规定，乘客不能携带下列物品乘车：

（1）易燃、易爆等危险品。

（2）有可能损坏、污染车辆和有碍其他旅客安全的物品。

（3）动物（在保证安全、卫生的条件下，每位旅客可携带少数的雏禽或小型成禽成畜乘车，但须装入容器，其体积或重量超过免费规定的应办理托运手续）。

（4）有刺激性异味的物品。

（5）尸体、尸骨。

（6）法律和政府规定的禁运物品。

 温馨提示

道路运输"三品"——易燃品、易爆品、危险品

爆炸品：雷管、导火索、炸药、鞭炮、烟花、发令纸（打火纸）等。

易燃物品：汽油、煤油、酒精、松节油、油漆等。

易燃固体：硫磺、油布及其制品等。

压缩天然气类：打火机气体、液化石油气等。

自燃物品：黄磷等。

毒害物质：砒霜、敌敌畏等。

腐蚀性物质：硫酸、盐酸、臭氧水、苛性钠等。

放射性物品：放射性同位素、射线等。

氧化剂类物品：氧化剂和过氧化物等。

遇水易燃烧物品：金属镁、金属钠、铝粉等。

（二）危险品排查原则和方法

危险品排查的一般原则为：见包注意，可疑必问，违禁拒载。

危险品的人工排查方法如下：

（1）望：一望携带的物品是否是大件物品、黑色塑料袋装物品、瓶装、罐装、桶装物品等；二望携带物品的乘客神情是否紧张或伪装镇定，行为表现是否异常、不耐烦，例如催促人员检查等。

（2）闻：是否有刺激性味、芳香味、氨味、苦杏仁味等气味。

（3）问：发现可疑情形时，询问乘客携带的是何物品。

（4）谢：注意礼貌用语，避免与乘客发生言语或肢体冲突。礼貌用语包括"为了您和他人的乘车安全，请打开包裹接受检查"、"感谢您的理解"、"谢谢您的合作"等。

（三）识别后的处理

发现乘客携带或夹带违禁物品，驾乘人员可以予以截留，不予运输。如果乘客坚持携带上车，驾乘人员可以先向其讲解携带危险品上车的危害和风险，其次建议其将物品先交由他人保管，随后再取。如果乘客一意孤行，不听劝阻，驾乘人员可以拒绝运输，或者拨打报警电话，交由公安部门处理。

六、旅游客运服务

驾驶员在带领游客参观旅游时，首要任务就是要保证行车安全，确保旅客人身和财产安全，这就要求驾驶员做到以下几点：

（1）有高度责任心和事业心，尽职尽责、敬业勤业，热情周到地为旅客提供安全正点的运营服务。

（2）驾驶车辆时，不吸烟，不使用移动电话，不随地吐痰或向车窗外吐痰、扔废弃物。

（3）严禁酒后开车，行车中坚持安全驾驶。

（4）不带无关人员上车，不利用工作之便谋取私利。

（5）驾驶过程中保持充沛精力，严防疲劳驾驶，出车前应保证充分休息，连续行车3h后应休息恢复体力。

此外，旅游客车通常是往返于旅游景点之间，且多是包车，游客对乘坐的舒适性要求较高。因此，旅游客运驾驶员应根据《旅游客车设施与服务规范》（GB 26359-2010）相关规定，自觉维护车辆设施设备安全有效，并使自己的职业行为符合服务要求和运营规范。具体见表8-1-4。

表8-1-4　旅游客运运营规范

运营过程	运营规范
出车前	- 应提前10～15min到达用车地点，就近停靠，方便游客上下车； - 打开空调，调节车内温度，等候游客； - 游客到达时，驾驶员应主动站立于车门一侧，迎候游客上下车； - 遇有携带大件行李物品的游客，应主动帮助提携，开启行李箱帮助妥善放置并锁好行李舱； - 对老弱病残幼孕和抱婴儿者等行动不便的游客应细心服务，主动提供帮助

运营过程	运营规范
行车中	- 合理选择最佳行车路线，保证游客的游览时间和安全； - 根据游客意愿使用车内空调、音视频等服务设施； - 谨慎驾驶，坚持安全礼让、中速行驶、拐弯平缓，避免不必要的紧急制动，保证游客舒适安全。行驶至复杂路面时，应减速并提醒乘客扶好； - 车辆出现故障及异常情况时应积极抢修；若短时内无法修复致使车辆不能正常行驶，应及时报告，安抚乘客并采取相应的补救措施
到达游览地点停车时	- 在就近地点停靠，方便游客上下车； - 提醒游客携带贵重物品，游客离车后应检查门窗是否关好，并看管车内物品，时间充裕时应按规定实施车辆途中检查并清洁车内卫生； - 明确下一站地点和时间安排，准备充分并熟悉备选行车路线
等待时	- 保持耐心，不在车内躺卧或有将腿脚伸向仪表盘、转向盘等不文明姿势； - 不远离车辆或翻阅乘客放于车内的物品； - 不用喇叭催促乘客或发生因驾驶员擅自离岗而造成游客无法及时上车或丢失物品等现象

注：接待过程中如遇特殊情况或误解，应冷静处置，不应刁难乘客，不应有不文明语言。

事故案例： 2012年4月22日9时20分许，沿江高速公路宁太线近董浜枢纽处，一辆载有33人的上海旅游大巴失控撞击一辆货车后侧翻，造成至少14人死亡。

经公安机关初步调查发现，该起特大事故系旅游客车驾驶员严重疲劳驾驶、操作失当所致。驾驶人王某22日发车前休息不足4h，且20日晚曾吸食毒品，事故发生后其尿样检测结果呈阳性。调查还发现，肇事大客车逾期未检，持有的省际包车证系违规审批发放。驾驶员上岗时间只有两个月，且公司未与其签订劳动合同，也未建立驾驶员档案，对其身心状况和违法情况未掌握、未审核。

模块二 道路货物运输知识

道路货物运输驾驶员的主要任务是应托运人的委托，将货物运送到托运人指定的地点。因此，熟悉运输作业环节及所运货物的特性，确保货物安全、顺利、及时送达，是每一个道路货物运输驾驶员不可推卸的责任。

一、货物运输基础知识

随着行业竞争的加剧，客户对供货的要求也越来越高。迅速、准确、经济、安全地货物托运已成为道路货物运输经营者不断努力的方向和追求的目标。驾驶员需要了解货物运输相关基础知识，以便为货物托运提供更好地服务。

（一）托运需求和服务

为了将货物更快、更安全地运抵目的地，驾驶员需要掌握货物托运人的托运需求和提供服务时的注意事项。货物托运需求和服务注意事项见表8-2-1。

表8-2-1　货物托运需求

需　　求	服务注意事项
迅速性：希望货物能快速抵达以便适时地投放市场	- 门到门的服务； - 尽可能缩短运输时间
准确性：要求货物能完整无损地送达目的地	- 货物运单与货物的核对； - 货物的正确交付
经济性：实施一套个性化的货运方案，实现成本的最小化	- 减少运输环节，减少车辆空载； - 尽量缩短运输时间； - 充分利用车辆载重吨位和装载容积； - 采用先进的运输方式，如甩挂运输
安全性：希望货物得到绝对的安全保障	- 货物包装的检查； - 货物的安全装卸； - 运输途中的检查； - 车辆运行安全

（二）运营调度

货物运输的运营调度是道路运输企业通过科学调度车辆，达到运量与运力平衡为目标的一种管理方式。目的是使车辆与货物在空间和时间上紧密结合，将运输过程中的各个部门、环节组成运作协调的有机整体，保证车辆连续、均衡地运行，最大限度地提高运输效率，增加经济效益。

对道路货物运输来说，运营调度作业的要求如下。

（1）以国家有关运输方针、政策、法规和指令性运输计划为指导，合理安排、调剂，达到运量运力平衡。

（2）编制和执行车辆运行作业计划，并对车辆进行组织、指挥、监督、检查，保证运输计划的完成。

（3）掌握货流变化，了解装卸现场条件、道路条件、气象预报，针对车辆运行条件变化，适时调整作业计划。

（4）掌握车辆技术性能，合理调度配载，执行"强制维护，视情修理"制度，按时对调用车辆进行维护、修理，保证车辆技术完好。

（5）进行现场调度，掌握车辆动态，及时收集运输信息，针对问题采取预防处理措施，消除薄弱环节，保证车辆正常运行。

（6）掌握车辆运行规律，应用科学调度方法和手段做好相关资料统计。

（三）货运合同

货物运输合同简称货运合同，是指承托双方为实现一定的经济目的签订的、明确双方权利义务关系，确保货物有效位移，且具有法律约束力的文件。签订合同的当事人双方或一方必须是法人。

8

1. 合同形式、内容

货运合同形式可以采用格式合同，如货物运单、货票等，也可以由双方当事人按合同法规定的原则和程序另行协商约定。

货运合同包括的内容有：货物名称、规格、数量、价款；包装要求、货物起运地点、到达地点；货物承运日期、到运日期；运输质量及安全要求；货物装卸责任和方法；货物领取及验收办法；运输费用、结算方式；各方权利义务；违约责任。

2. 货物损毁赔偿

（1）两个以上承运人以同一运输方式联运的，与托运人订立合同的承运人应当对全程运输承担责任。损失发生在某一运输区段的，与托运人订立合同的承运人和该区段的承运人承担连带责任。

（2）承运人对运输过程中货物的毁损、灭失承担损害赔偿责任，但承运人证明货物的毁损、灭失是因不可抗力、货物本身的自然性质或者合理损耗以及托运人、收货人的过错造成的，不承担损害赔偿责任。

（3）货物的损毁、灭失赔偿额，当事人有约定的，按照其约定；没有约定或者约定不明确，依照《中华人民共和国合同法》第61条的规定仍不能确定的，按照交付或者应当交付时货物到达地的市场价格计算。法律、行政法规对赔偿额的计算方法和赔偿限额另有规定的，依照其规定。

（4）货物在运输过程中因不可抗力灭失，未收取运费的，承运人不得要求支付运费；已收取运费的，托运人可以要求返还。

（5）格式条款具有《中华人民共和国合同法》第52条和第53条规定情形的，或者提供格式条款一方免除其责任、加重对方责任、排除对方主要权利的，该条款无效。

 温馨提示

格式条款及其特点

格式条款又称为标准条款，是指当事人为了重复使用而预先拟定、并在订立合同时未与对方协商的条款，如保险合同一般都是格式合同。《合同法》从维护公平、保护弱者出发，对格式条款从三个方面予以限制：第一，提供格式条款一方有提示、说明的义务，应当提请对方注意免除或者限制其责任的条款，并按照对方的要求予以说明；第二，免除提供格式条款一方当事人主要义务、排除对方当事人主要权利的格式条款无效；第三，对格式条款的理解发生争议的，应当作出不利于提供格式条款一方的解释。

3. 货运合同的变更和解除

货物起运前，承运人或托运人征得对方同意，可以变更或解除运输合同。承运人提出解除运输合同的，应退还已收的运费，变更运输合同应负担变更运输合同所发生的费用；托运人提出变更或解除合同的，应承担因变更或解除运输合同所发生的费用。

货物起运后，不能解除运输合同，但托运人征得承运人同意，可以变更货物到达地和收货人。变更运输合同所发生的费用，由托运人负担。

货物运输过程中，因自然灾害、道路阻塞等原因造成运输阻滞，承运人应及时与托运人联系，协商处理。发生的货物装卸、接送和保管费用，按以下规定处理。

（1）接运时，货物装卸、接运费用由托运人负担，承运人收取已完成运输里程的费用，退回未完成运输里程的费用。

（2）回运时，承运人收取已完成运输里程的运费，回程运费免收。

（3）托运人要求绕道行驶或改变到达地点时，收取实际运输里程的运费。

（4）货物在受阻处存放，保管费由托运方负担。

（四）商务洽谈

货运的商务洽谈是成功获取货物运单的重要一环。掌握一定的洽谈原则、技巧，能大大提高货物签单的成功率。

商务洽谈人员在与托运人洽谈的过程中，一般要注意以下原则：

（1）客观的原则。即谈判人员所占有的资料要客观，决策时的态度也要客观，不意气用事。

（2）预审的原则。含义有二：一是谈判人员应当对谈判方案预先反复审核、精益求精；二是谈判人员应当将谈判方案预先报请上级主管部门或主管人士审查、批准。

（3）自主的原则。谈判人员在准备洽谈时及在洽谈进行之中，要发挥自己的主观能动性，在合乎规范与惯例的前提下，力争"以我为中心"。

（4）兼顾的原则。谈判人员在准备洽谈时及在洽谈过程中，在不损害自身根本利益的前提下，尽可能地替洽谈对手着想，主动为对方保留一定的利益。

商务洽谈的技巧见表8-2-2。

表8-2-2　商务洽谈的技巧

技　巧	详　细　说　明
耐心倾听	- 认真分析对方话语中所暗示的用意与观点； - 对不清楚或模棱两可的语句，应先记录下来； - 等对方说完后进行咨询
表达清晰、专业	- 阐述实施方案、方法、立场等观点，使对方听懂；不谈与主题关系不大的事情； - 数字的表达要确切，避免使用"大概、可能、也许"等词语
话语灵活变通	- 因人而异，因物而异； - 切忌千篇一律，言语死板； - 使用不同的语言方式，如委婉、直接等； - 不犯禁忌
掌握好时间	- 对洽谈的内容做妥善的安排； - 视具体情况而定； - 一般时间不要太长

二、货物运输的基本环节及货物安全

一般来说，货物运输的基本环节包括提出托运、承运验货、计划配货、派车装货、起票发车、运送（途中管理）、运达（卸货交货）、运输结算等。

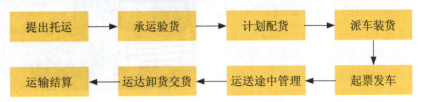

其中，装货、发车、运送、运达等中间环节与驾驶员的日常工作息息相关。为保证货物安全，驾驶员应在上述环节中适时对车辆、货物及安全装置进行检查，确保货物按时、完整地交付给收货方。

（一）货物检查与交接

货物交接时，对散装货物原则上要磅交磅收；对"门到门"重箱、集装箱及其他施封的货物要凭铅封交接。驾驶员应在交接时注意检查货物包装、集装箱铅封等情况，协同工作人员核对货物品名、规格、数量等是否与运单相符，做好安全装载货物的基础工作。

（二）货物装载与配载

安全装载是货运车辆安全运行的一项重要保障。驾驶员应在货物装载过程中注意督促搬运人员安全、规范操作；装载完毕后，注意检查货物安全情况，避免行车中发生捆绑松懈，造成货物遗撒、坠落。

1.货物装载原则

（1）严格遵守货物特性要求和包装储运标志规定，按照安全操作规程装载货物。不同特性货物装运、保管要求见表8-2-3。

表8-2-3 不同特性货物装运、保管要求

货物类型	性能特征	实物	装运、保管要求
耐温性差的货物	遇温度变化易变质	冰块	采取防热措施
耐湿性差的货物	受潮后成分和性能易发生变化	粮食	采取防潮措施
易碎性货物	受撞击或重压易出现破碎或变形	玻璃、陶瓷	应小心轻放
互相抵触的货物	相互接触会产生有害作用	金属与酸类物质	严禁混装和混合储存
易腐性货物	一般温度下易变质、腐坏	鲜鱼	采取防腐措施

（2）装载车辆不超限、不超载。运输的货物应当符合货运车辆核定的载重量。例如：货物长度、宽度不得超出车厢；重型、中型载货汽车、半挂车载货高度从地面起不超过4m，载运集装箱的车辆不超过4.2m；其他载货机动车的高度从地面起不超过2.5m。

栏板过高，不能进行货物运输！

（3）装载货物质量分布均衡。要做到重的货物放在车辆的重心上，并置于轻的货物前，轻重合理搭配；重不压轻、大不压小、实不压虚、重心尽可能低；固体货物在下，液体货物在上。

2. 货物装载加固方法

货物装载加固方法包括使用绳索捆绑加固和利用货厢栏板（前、尾板和围栏）固定。

（1）使用绳索捆绑加固。使用绳索捆绑加固的方法包括横腰箍下压式捆绑、直接捆绑、辅助设备和联合捆绑。

横腰箍下压式捆绑是将捆绑带从货物的一侧绕过货物到另一侧的捆绑方式。它是借助绳索捆绑货物，增加货物与货车底板的摩擦力，借以固定并防止货物滑动。

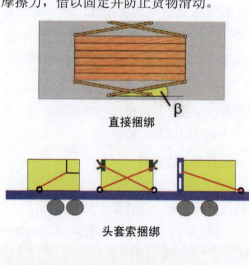

横腰箍下压式捆绑

直接捆绑是用绳索把货车固定捆绑点和货物自身捆绑点连接固定的捆绑方式。它是靠拉力固定货物。

辅助设备捆绑包括头套索捆绑和边套索捆绑。头套索捆绑，是指利用捆绑辅助工具，固定货物纵向位置，防止货物向前或向后滑动的捆绑方式。边套索捆绑，是指利用捆绑辅助工具，固定货物横向两侧位置，防止货物向左或向右滑动的捆绑方式。在道路运输过程中，头套索和边套索经常联合使用，为货物提供充分的纵向和横向保护。

直接捆绑

头套索捆绑

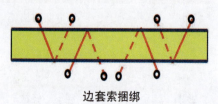

边套索捆绑

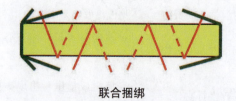

联合捆绑

（2）利用货厢栏板（前、尾板和围栏）固定。利用货厢栏板固定的方法包括货厢前板固定、货厢尾板和围栏固定、立柱固定和冠状捆绑加固等。

8

货厢前板固定是把货物紧贴车厢前板放置的一种固定方法，防止车辆突然停止时货物对前板的冲击力。当无法用前板固定货物时，要在货物和车厢前板之间放置一层隔板。

货厢围栏和尾板固定方法主要应用于运输较短的圆管或原木时，这种固定方法要求围栏和尾板要足够结实，能承受货物产生的冲击力。

立柱固定主要是对管状等坚硬物体进行固定，防止货物前后左右摇晃。

冠状捆绑加固主要应用于长管、原木等圆柱状物体。冠状捆绑加固方法可以减少货物之间的缝隙，防止货物松动。

货厢前板固定

货厢围栏和尾板固定

立柱固定

冠状捆绑加固

 温馨提示

几类常见货物的固定方法

1. 散装货物固定方法

装载散装货物时，应使用合适的车辆，比如，西瓜、蔬菜等散装货物可使用敞车装运，土、沙石等可使用自卸车装运。对于西瓜等抗震能力差的货物，应用稻草等填充间隙。装载散装货物或者货物易被风吹落的，应用苫布等覆盖严密。

2. 成件包装货物固定方法

利用较大的运输单位运载件装货物时，可利用合适的隔板将载货平面分割成若干段。装载成件包装货物时，应排列紧密、整齐。装袋货物袋（扎）口应朝向车内。

当装载高度或宽度超出货车端侧板时，应层层压缝，梯形码放，四周货物倾向中间，两侧超出侧板的宽度应一致。对超出货车端侧板高度的成件包装货物，应用绳网或绳索串联一起捆绑牢固，也可用挡板（壁）、支柱等固定。袋装货物起脊部分，应使用上封式绳网进行固定。

3. 圆柱形、球形货物固定方法

固定圆柱形货物时，可选用适当规格和材质的凹木、三角挡、座架等材料和装置，并采取腰箍下压、拉牵等固定方式。

固定球形货物时，应选用适当规格、具有足够强度、能保证货物稳定的座架，货物底部不得与车地板接触。对无拴结点、固定较为困难的球形货物，可采用在球体上部套圈，套圈四处拉牵牢固的固定方法。

（三）货物安全保管

驾驶员对受理承运的货物担负着保管的责任和义务，应根据货物的种类及保管要求进行保管，防止货物变质、失窃、损坏、腐烂、短少等损失。不同种类货物及其保管要求见表8-2-4。

表8-2-4　不同种类货物及其保管要求

零担货物	鲜活、易腐货物	贵重物品
- 配载货物的品名、件数及途经站点与随车携带的零担货物运单和交接清单内容一致； - 在途经站点装卸货物时，应严格按照安全操作规程装卸，按件点交给收货人，避免出现货损货差； - 装卸完毕后，应捆扎牢固或关好车厢门	- 根据货物特点，采用相应保鲜、保活和固定措施； - 积极配合随车押运人员定时停车照料，保障货物品质	- 采取有效的防盗、抢措施，谨防货损货差

车辆行驶途中，驾驶员还应对车辆、货物、货物安全装置进行检查，并根据需要做必要的调整，包括继续增加安全装置等。驾驶员在检查时，需要注意以下事项：

（1）检查车辆，确保车辆后栏板、车门、防水油布和备胎及其他使用装备的安全、有效。

（2）检查货物捆扎、堆码等情况，确保货物安全，防止货物丢失与被盗。

（3）检查货物整体情况，确保货物不会影响车辆的安全行驶。

（四）货物包装、标识及危险品识别

1. 货物包装

对货物进行包装，不仅可以保护货物免受破坏、变质和损失，而且还有利于装卸、搬运和理货等。

常见的货物包装形式有箱、捆包、袋和桶等。

> **💡 温馨提示**
>
> **承运包装货物的注意事项**
>
> （1）装车时发现包装有湿痕、污渍等，表明该件货物可能已经受到潮湿或污损，必要时应请发货人拆包检查。
>
> （2）易碎货物应装于木箱中或其他硬包装中，并保证空隙应填有干草、刨花、海绵等软性材料。
>
> （3）用木箱类作包装箱，不能有破损裂缝或腐烂的木板，箱板上钉的钉子必须紧密牢固，不能露在外面。

8

2. 包装储运图示标志

包装储运图示标志是根据产品的某些特性如怕湿、怕震、怕热、怕冻等而确定的。其目的是为了在货物运输、装卸和储存过程中，引起作业人员的注意，使他们按图示标志的要求进行操作。

易碎物品：表明运输包装件内装易碎物品，搬运时应小心轻放	禁止手钩：表明搬运运输包装件时禁用手钩	向上：表明该运输包装件在运输时应竖直向上
怕晒：表明运输包装件不能直接照晒	怕辐射：表明该物品一旦受辐射会变质或损坏	怕雨：表明该运输包装件怕雨淋
重心：表明该包装件的重心位置便于起吊	禁止翻滚：表明不能翻滚该运输包装件	此面禁用手推车：表明搬运货物时此面禁止放在手推车上
禁用叉车：表明不能用升降叉车搬运的包装件	由此夹起：表明搬运货物时可用夹持的面	此处不能卡夹：表明搬运货物时不能用夹持的面
堆码质量：表明该运输包装件所能承受的最大质量极限	堆码层数极限：表明可堆码相同运输包装件的最大层数	禁止堆码：表明该包装件只能单层放置
由此吊起：表明起吊货物时挂绳索的位置	温度极限：表明该运输包装件应该保持的温度范围	

3.危险品识别

危险品识别的重要途径是认识危险品标志。根据国家标准《危险货物包装标志》（GB 190-2009），危险货物包装标志图形共30种，其中标记4个，标签26个。当驾驶员看到所运载物品是如下所列的危险品标志时，应拒绝运输。

| 爆炸品标志 | 爆炸品标志 | 爆炸品标志 | 爆炸品标志 | 易燃气体标志 | 易燃气体标志 | 非易燃无毒气体标志 | 非易燃无毒气体标志 | 毒性气体标志 |

易燃液体标志　易燃液体标志　易燃固体标志　易于自燃的物质标志　遇水放出易燃气体的物质标志　遇水放出易燃气体的物质标志　氧化性物质标志　有机过氧化物标志　有机过氧化物标志

毒性物质标志　感染性物质标志　一级放射性物质标志　二级放射性物质标志　三级放射性物质标志　裂变性物质标志　腐蚀性物质标志　杂项危险物质和物品标志

（五）特种货物运输安全

特种货物是指在运输过程中需要特殊处理或特别注意的货物，主要包括冷藏保鲜货物、鲜活易腐货物、大型物件、贵重货物等。承运这类货物时应格外小心，以免遭受损失。

> **事故案例：** 某运输公司承运了一批活物海鲜，并由承托双方签订了运输合同：运输期限为4天，运费为7000元，由托运方驾驶员小刘负责运输。起运时，小刘由于家中突遇特殊情况，在未征得公司同意的前提下，找到司机小李代其运输。
>
> 货运途中遇寒流，小李不懂在紧急情况下对活物的特殊处理，造成其中一部分海鲜死亡，由此损失海鲜本身价值4000元。路途中因雨造成路阻，小李在得知道路近期无修复可能，擅自决定改道行驶，因此增加运费1500元。由于绕道，运达目的地时已经延误两天，而海鲜的延滞造成托运方间接经济损失为8000元。这些损失最后全由承运方负责赔偿。

由此可见，运输特种货物，除遵守普通货物运输的规定外，还应根据各类货物的性质、特点和运输要求，进行针对性检查，保障运输安全。

1.冷藏保鲜货物

冷藏保鲜货物运输需要使用保鲜、冷藏专用运输车辆，防止货物变质、腐烂。运输时的注意事项如下。

（1）根据货物的种类、运送季节、运送距离和目的地确定运输方法。尽量组织"门到门"的直达运输，提高运输速度。

（2）在运输过程中保证连续冷藏，抑制微生物的增长，减缓其呼吸作用。

（3）可紧密堆码，但水果、蔬菜等需要通风散热的货物，必须在货件之间保留一定的空隙，防止腐烂。

2. 鲜活易腐货物

鲜活易腐货物的运输，原则上采用专车专运，禁止与其他货物混装。在运输此类货物时的注意事项如下：

（1）承运要及时，尽可能压缩运输时间；行车中尽量避免紧急制动；配合押运人员定时停车，检查货物供氧、保温等情况。

（2）装运活动物必须选用家畜车、家禽车、活鱼车及清扫干净、未受毒害品污染的篷、敞车，但不得使用无车窗的篷车。装运牛、马、骡、驴等大牲畜，不得使用铁底货车。

（3）装运动物时，驾驶员和押运人员应熟悉动物特性，运输途中做好动物的饲养、饮水、换水、洒水、看护和安全等工作。

3. 大型物件

《道路大型物件运输管理办法》中对大型物件进行了定义：大型物件是指长度在14m以上或宽度在3.5m以上或高度在3m以上的货物，以及重量在20t以上的单体货物或不可解体的成组（捆）货物。这类货物需要用大型汽车或挂车进行运输，运输时的注意事项如下：

（1）承运人要根据托运人填写的运单和提供的有关资料，对大型物件进行查对核实。承运大型物件的级别必须与批准经营的类别相符，不准受理经营类别范围以外的大型物件。

（2）运输前应根据大型物件的外形尺寸和车货重量，对承运路线的道路和桥梁宽度、弯道半径、承载能力及交通流量，进行充分的调查研究，并请公路及有关部门在现场进行指导；必要时还要对桥梁进行加固，并制定运输组织方案和应急措施，以确保行车安全。

（3）按有关部门核定的路线行车。大型物件运输标志要悬挂在货物超限的末端。白天行车时，悬挂标志旗；夜间行车和停车休息时开启标志灯。

4. 贵重货物

贵重货物价值昂贵，承运人在运输过程中需要承担较大经济责任。运输时的注意事项如下：

（1）尽可能实行快运，超长距离运输应配备两名驾驶员；途中应尽量保持平稳、避免紧急制动；定时停车检查车厢和油布的捆扎情况。

（2）根据托运人对物品属性、运输、装卸、保管注意事项及运抵时间等的要求，进行运输。

（3）对整批量的贵重货物，原则上实行整车运输，选择适宜货物载运的、性能良好的货车或专用车辆直达运输；对小批量零星贵重货物零担运输的，应在运单上盖有"贵重货物"戳记，便于承运前和到达后车站进行稳妥装卸和保管。

特种货物安全运输注意事项口诀

冷藏保鲜货物，控温锁门防腐，
鲜活易腐货物，供氧控温看护；
大型物件货物，核件定线控速，
价值贵重货物，属性要求要务。

三、甩挂运输

根据《关于促进甩挂运输发展的通知》（交运发〔2009〕808号）中的定义：甩挂运输是指牵引车按照预定的运行计划，在货物装卸作业点甩下所拖的挂车，换上其他挂车继续运行的运输组织方式，牵引车与挂车的组合不受地区、企业、号牌的限制，但牵引车的准牵引总质量应与挂车的总质量相匹配。

甩挂运输以其高效、经济、节能、环保的优势得到了普遍应用。与传统运输方式相比，甩挂运输有利于减少装卸时间，加速牵引车周转，提高运输效率和劳动生产率；有利于减少车辆空驶和无效运输，降低能耗和废气排放，节省货物仓储设施；有利于降低道路损耗、减少交通事故；有利于组织水路滚装运输、铁路驼背运输等多式联运，促进综合运输建设。

拖挂车一般比普通货车更长、更重，需要更高的驾驶技术，对驾驶员提出了更高的要求。下面介绍拖挂车特有的安全注意事项。

（一）如何避免侧翻

（1）装载越低越好。低装载对拖挂车比对普通货车更加意义重大。还应注意不要偏载，货物偏向一侧容易导致侧翻。负载应尽量均匀分布。

（2）转弯时应降低车速。转弯过快时容易侧翻，在弯道、坡道上应降低车速。变更车道的动作也不能过猛，特别是满载时。

（二）如何应对挂车侧滑

挂车的车轮抱死时很容易侧滑，特别是空载和轻载时。应对挂车侧滑的步骤有：

（1）识别侧滑。最早、最有效的识别挂车是否发生了侧滑的方法就是观察后视镜。驾驶员在每次紧急制动后都应从后视镜观察挂车，看其行驶状态是否正常。一旦挂车的尾部已经甩出了本车道，那么将难以补救。

（2）停止制动。放开制动踏板，使车轮恢复摩擦力。不要试图使用挂车手制动阀来调正车身，这是错误的做法，因为正是挂车车轮上的制动器引起了侧滑。放开制动踏板，当挂车的车轮恢复抓地力后，挂车会自动随牵引车行驶，车身会自动调正。

（三）如何倒车

小型车、货车和客车倒车时，想往哪个方向倒车，转向盘就往哪个方向转。但是半挂车倒车时，转向盘的转动方向和车辆行驶方向是相反的。挂车开始转向后，应朝另一边转动转向盘，以便控制挂车。

（1）挂车需要倒车时，应事先调整好车辆的位置。如果必须转弯倒车，应先调整好牵引车车头与挂车车身的角度，在倒车过程中还要注意不断修正，防止牵引车车头与挂车车身碰擦。

（2）倒车前应观察好倒车路线。驾驶员应下车绕车观察，确保车辆沿选定的路线行驶时左右和上部不会碰擦障碍物。

（3）利用左右后视镜。驾驶员应不时观察左右后视镜，对路线不确定时，应下车查看。

（4）低速行驶。这样做有利于驾驶员在车辆偏离路线时可以进行修正。

（5）看到挂车偏离正轨时，应立即向偏离的方向转向，从而修正路线。

 单元问答

1.在旅客运输过程中，与乘客发生纠纷如何处理？

2.对危险品如何进行人工排查？一旦发现有乘客携带上车后如何处理？

3.关于货物装载与配载的相关要求有哪些？

4.特种货物运输的安全注意事项是什么？

5.甩挂运输有哪些好处？

单元九　道路运输节能减排

🔵 **学习目标**

　　道路旅客运输驾驶员：了解影响客运车辆燃料消耗的因素，道路旅客运输节能的方法；掌握旅客运输节能驾驶操作规范。

　　道路货物运输驾驶员：了解影响货运车辆燃料消耗的因素，道路货物运输节能的方法；掌握货物运输节能驾驶操作规范。

　　道路运输行业所消耗的成品油几乎占全国机动车所消耗的成品油的三分之一，所以，在节能减排方面道路运输行业可以大有作为。首先，我们应弄清楚哪些因素会影响道路运输节能减排，之后才能"对症下药"，应用节能减排技术，采用节能驾驶操作方法，以履行节能减排的社会责任。

模块一　道路运输节能主要影响因素

　　道路运输节能是一项系统工程，政府、企业、车辆制造商都承担着重要责任。影响道路运输节能的主要因素包括车型选择、车辆运行环境条件、驾驶员的驾驶习惯、燃料和新车磨合情况、车辆技术和维修状况等。

一、车型选择

　　车辆的燃料消耗与运输车型的选择关系密切。

　　（1）同一车型承担运输类型不同，燃料经济性也不相同。选择经济车速高、底盘低，车身流线型好的车辆从事长途运输，燃料消耗要低；加装导流装置的货物运输车辆从事长途运输，燃料消耗也较低。

（2）同一车型不同的运行环境，车辆燃料消耗相差也很大。选择底盘稍高、经济车速较低的车辆进行农村客运、山区道路客运等，燃料的经济性较好。

（3）货物运输中牵引车与挂车的匹配也很重要，如果牵引车的动力性与挂车承载的质量不匹配，燃料经济性就会较差。

 温馨提示

节能车型选择的法规规定

为了帮助道路运输企业合理选择节能车型，交通运输部颁布了《道路运输车辆燃料消耗量检测和监督管理办法》，并定期公布《道路运输车辆燃料消耗量达标车型表》，只有达标车型才可以从事道路运输。新政策的颁布实施，可以帮助道路运输企业、车主用户选择燃料消耗达标车型，为运输把关护航。

二、车辆运行环境条件

车辆燃料消耗受道路、气候、气象等环境条件影响较大，同一车辆在不同地域、不同天气、不同道路环境行驶时的燃料消耗相差很大。

（一）道路和交通情况

道路类型、状态和交通情况会对燃料消耗产生很大影响。不论是对多好的车而言，起伏盘旋的山路、泥泞积水的道路、拥挤道路和低等级道路等都会使燃料消耗相对增加。

（二）天气和季节

冬季由于气温较低，一来机油的黏度会增大，发动机冷启动时需要克服较大的阻力；二来燃油的蒸发性变差，造成混合气偏稀而不能充分燃烧。这些都会导致车辆燃料消耗量增加。

天气条件恶劣时，燃油和空气不能很好地混合，燃油燃烧效率降低，油耗增加。此外，油品的比重在气温不同时会有差异，这也会造成油耗数据的波动。

知识扩展

汽车行驶中的三大阻力与燃料消耗之间有存在哪些关联呢？

空气阻力：空气阻力与车速的平方成正比，车速过高时，空气阻力会急剧增大，从而也会导致燃料消耗增加。

地面阻力：接地面积较大的轮胎具有较好的操控性和稳定性，但是由于其滚动阻力较大，燃料经济性会差一些。此外，轮胎定位不准或者胎压过低时也会使滚动阻力增加。

机械阻力：汽车传动系统的每个部件在运转时都会受到一定的机械阻力。一般来说，机械阻力会使发动机输出的动力损耗约15%，这就意味着燃料的浪费。虽然机械阻力更多是汽车制造商需要面对的问题，但驾驶员确实可以通过合理使用润滑油、正确维护车辆来减少因机械阻力导致的燃料浪费，进而降低燃料消耗。

9

三、驾驶员的驾驶习惯

汽车是由人驾驶的，驾驶员对燃料消耗有着重要影响。同样的车由不同的驾驶员驾驶，消耗的燃料可能有很大差别，有着不良驾驶习惯的驾驶员即使开着最节能的车型也会产生较高的燃料消耗。导致燃料消耗增加的不规范驾驶操作有：

（1）急减速、急加速。这种操作会增加驾驶员需要换挡的次数，从而消耗更多的燃料。此外，急加速、急减速会大大降低乘客乘车的舒适感，甚至可能导致乘客受伤。

（2）在减挡之前踩一下加速踏板，以期减小变速箱内齿轮的转速差。这种操作只适用于过去的老车型，现在汽车的变速箱内都装有同步器，这样做只会浪费燃料。

（3）长时间怠速运转。这样做会使车辆燃料消耗增加，同时还会加大发动机的磨损。

（4）频繁变换挡位或挡位使用不当。

（5）车辆走走停停，频繁起步。

（6）超速。超速不仅非常危险，还会增加车辆行驶中受到的空气阻力，从而增加燃料消耗。

（7）挡位使用不正确。高挡位的传动比小于低挡位，在车速一定时，高挡位对应的发动机转速比低挡位低，所以燃料消耗也低。如果转速表的指针指在经济转速区间的最右端，此时换高一级别挡位会使燃料消耗大大降低，因为这样做能在降低发动机转速的同时将转速控制在经济区间内。

四、燃料、新车磨合及车辆技术状况

燃料的质量影响车辆燃料消耗情况。使用劣质燃油，比如汽油辛烷值不达标、杂质含量较高，不仅会恶化车辆技术状况，导致车辆燃料消耗增加，严重情况下还会损坏发动机。

新车在磨合期的使用情况也影响车辆燃料消耗。新车在磨合期使用不当，如负荷过重、超载、转速太高等，会导致机械系统不能达到最佳状态，增加燃料消耗。

发动机、底盘的技术状况对车辆的燃料消耗影响也较大：发动机燃料供给、冷却、润滑、进排气、点火、电控等系统出现故障，会导致发动机技术状况变差，热效率降低，燃料消耗增加；汽车底盘的技术状况不良，如行驶系车轮定位不准，轮胎气压偏低，离合器发热，变速器、万向节、传动轴和驱动桥异响等，会影响汽车的行驶阻力和自身的传动效率，增加燃料消耗。

五、车辆维护情况

车辆维护情况的好坏决定着车辆的技术状况。维护不当，比如前轮定位不准，空气滤

清器太脏、机油变质或机油滤芯不畅、燃烧室积炭增多、消声器损坏等，也会导致燃料消耗增加。

我们可以采用的节能方法有很多。例如，合理选择运行材料，对车辆技术状况进行及时、正确维护，货物合理装卸，注重车辆节能新技术在实际工作中的应用等，这些都能有效降低燃料消耗，节约成本，保护环境。

一、注重车辆维护和技术状况的保持

（一）做好发动机技术状况维护和保养

定期进行车辆维护，确保"三滤"（空气滤清器、柴油滤清器、机油滤清器。其中空气滤清器的滤清能力是否正常，对燃料消耗的影响最大）等清洁无损坏。燃烧室积碳过多时油耗会增加约8%，所以应定期清洗进气系统的气道、气门、油路等容易形成积碳的部位。

另外，应经常检查曲轴箱通风情况，保证曲轴箱内压力正常，并随时将曲轴箱内的废气排出，以免气缸串气，稀释润滑油，增加燃料消耗。

（二）加强对汽车底盘的调整和保养

在对汽车底盘进行调整和保养时，应重点做好以下4个方面的工作，如表9-2-1所示。

表9-2-1   汽车底盘的调整和保养

机件/部位	作业重点及效果
传动系各部机件	保证传动系各部机件，即离合器、变速器、传动轴、减速器等的良好配合和润滑
制动器	在第二次维护保养时必须拆卸前轮，检查制动蹄销的润滑，并打磨销孔、轴，加注润滑脂，使制动蹄回位保持在快的程度，同时应确保制动器的间隙程度适当
轮毂轴承	前轮毂轴承的松紧度调整过紧或过松，都会增加阻力，增加燃料消耗。所以应保证前轮毂轴承的松紧度适中
前轮	前束失调后，会使汽车行驶时前轮发生摇摆，滚动中带有滑移，增加了滚动阻力，加剧轮胎磨损，增加燃料消耗。应按照车辆使用手册的技术参数进行调整，确保前轮定位正确

9

温馨提示

保持合适的轮胎气压很重要。轮胎气压过低，会导致较高的行驶阻力，增加燃料消耗；轮胎气压过高，胎面会鼓胀，行驶中花纹中间在高压力下接触地面，造成这部分不正常磨损，燃料消耗上升。因此，应按照车辆使用手册要求保持正常的胎压。

二、合理装载

货物超载和不合理摆放，不仅会影响车辆技术状况，还会降低车辆行驶速度，破坏道路设施，造成路面拥堵，增加污染物的排放。合理的卸载可以减少空气阻力，减少轮胎不均衡磨损和车辆部件的不规律磨损，延长车辆的使用寿命，节约燃料。合理装载时，要使货物中心尽可能在车辆地板纵横中心线交叉点上，装载货物的中心尽可能低；保证车辆不偏载、各轴轴荷均匀。

合理装载

不合理装载

车辆节能方法口诀

车辆技术勤维护，合理装载均负荷；
减少自重和空阻，运行材料慎选择；
以上方法需牢记，保节油来保顺利。

模块三	道路运输节能驾驶操作规范

道路运输节能的实现，除了与车辆本身的结构及技术状况有关外，还与驾驶员的操作有关。为了实现最大程度的节能减排，驾驶员应遵守节能驾驶操作规范，它主要包括两部分内容：出车前准备和驾驶操作。

9

一、出车前准备

（一）合理选择行驶路线

对于长途运输的车辆来说，正确选择行驶路线，对保证行车安全、节约燃料消耗和延长使用寿命具有良好的作用。

在选择行驶路线时，应选择良好的路面行驶。很差的路面，不但增加行驶阻力，而且因行驶困难，平均车速也会很低。通过车辆行驶记录分析，在坏路上行驶时的平均燃料消耗要增加50%～100%。在这样的情况下，选择路况较好的路线，即使多绕30%～50%的路程，综合来看还是经济的。

如果执行新的运输任务，应事先对行车路线进行了解，可查阅地图或向熟悉道路的驾驶员打听，出发时带好地图等，避免绕弯路造成不必要的燃料消耗。

（二）随车携带车辆使用手册

车辆使用手册是汽车制造商介绍车辆基本性能和使用方法的最重要文件。有的使用手册还针对本车特点介绍安全驾驶方法，驾驶员在出车时应随车携带，以便随时学习参考。

（三）合理装卸货物

货物运输驾驶员在出发前还应合理装卸货物。装卸货物时，应事先安排好停靠地点，避免多次进退掉头。列车停靠也应注意位置适当，便于起步。装卸货物时，应注意避免超载、超高、超宽和偏重。货物在车厢内均匀安放，并固定稳妥。

二、驾驶操作

（一）发动机启动、预热

1.低温启动前预热

低温启动对整车燃料消耗影响较大，因此，启动前应对发动机进行预热，增大起动机功率。在寒冷地区，可以关闭暖风散热器并打开独立加热器使发动机温度提高。

2.启动

启动发动机时不要空踩加速踏板，特别是对电控发动机，空踩加速踏板不会起到加快启动速度的作用，只会增加燃料消耗。同时，在启动时还应避免发动机长时间怠速运行。

（二）起步加速

起步时要使发动机既不熄火又能省油，关键要能掌握抬离合器和踩加速踏板的要领。起步加速时，踩下加速踏板的大小以听发动机的声音增高较柔和为宜。当听到发动机发闷的吼声，说明加速过量，应稍抬加速踏板，防止发动机短期内增加高负荷，增加燃料消耗。

（三）换挡变速

行驶过程中，道路、地形、气候及交通情况经常变化，驾驶员需要根据时机进行换挡操作。挡位的合理选择和挡位的及时变换对节约燃料有重要影响。

1. 挡位选择

一般中型以上的汽车变速器以1、2挡为低速挡，3、4挡为中速挡，5、6挡为高速挡。不同挡位的适用范围及使用建议见表9-3-1。

表9-3-1　不同挡位的适用范围及使用建议

挡　位	适　用　范　围	挡位特点及使用建议
1、2挡	一般用于起步、爬陡坡及要求牵引力大的路段	车辆驱动轮的转速低，扭矩大，可获得较大的驱动力（附着条件一定时）。但传动系的效率低，燃料消耗多，所以应当尽量缩短使用时间
3、4挡	适用于转弯、会车、过桥和一般的坡道等	发动机负荷率也不高，燃料经济性也不好，也不宜长时间使用，所以大多用于挂入高速挡前的加速过渡
5、6挡	适用于长距离行驶	行驶速度高，发动机负荷率高，燃料经济性好，所以是良好路面上正常行驶的常用挡位

2. 换挡操作

换挡操作的基本要求是：动作要准确迅速。动作迅速，时间花费少，可避免发动机功率损失，提高行驶时的平均速度。这对于经常行驶在需频繁起步、加速、换挡的城市道路车辆尤为重要。动作准确，要求脚踩加速踏板的轻重要适度，踩离合踏板要与手的换挡动作相配合。起步时不要在离合器尚未完全接合的情况下猛踩加速踏板。

（1）起步换挡：操作中在松抬加速踏板的同时踏下离合器踏板，但不要踩到底，刚感到动力被切断时立即脱挡，离合器踏板不需要完全松开，在离合器摩擦片处于联动状态时换入高一挡位，然后松开离合器踏板，同时踩下加速踏板。

（2）2挡换3挡：预先踩下的加速踏板应少些，在以后各挡的升挡过程中加速时，踏板依次踏下多一些，但注意适度。

（3）上坡行驶由高速挡换低速挡：上坡时行驶阻力增加，发动机负荷增大，车速逐渐下降，发动机转速也随着变慢。这时应配合发动机转速的下降逐渐稍抬加速踏板，在认定的时机迅速换挡。

（四）加速和减速

重复加速操作行驶，燃料消耗量将明显提高。此外急加速和平稳加速燃料消耗会相差14%左右，所以加速时应平稳，不要采取猛踩加速踏板，急加速的方式。

减速分为制动减速和滑行减速。在行车过程中，尽量减少制动减速，因为任何不必要的踩踏制动踏板都是对燃料的浪费。驾驶员可以采取汽车发动机排气制动或带挡滑行实现有预见性的减速（禁止熄火滑行和空挡滑行）。

1. 加速操作

踩踏加速踏板时，应慢慢的，均匀的加深踩踏力度，不应猛踩加速踏板，让发动机发出"呜—呜—"的轰鸣声。

2. 制动减速操作

制动减速时，应轻踩制动踏板进行缓慢减速，实现平稳驾驶。紧急制动减速时，应采用"先急后松"法进行制动，即第一次急速踩下制动踏板，然后根据发生情况点距车辆的距离慢慢松开制动踏板，在汽车点头刚开始回位时再一次踩踏制动踏板，使其不能迅速回位，而后再慢慢松开制动踏板。

（五）车速控制

1. 选择经济车速

行车速度与燃料消耗有直接关系，过低或过高的车速都易使车辆燃料消耗过多。汽车在每个挡位，都有一对应的燃料消耗量最低的车速，即通常所说的该挡位的经济车速。车辆在正常行驶时，要尽量以经济车速匀速行驶。

汽车的经济车速不是固定不变的，它随道路情况，汽车装载量等因素的变化而改变。一般而言，汽油发动机转速处于（1800～2200）r/min时最为经济；柴油发动机的转速处于（1400～1800）r/min时最为经济。

2. 匀速行驶

在道路条件好、车流量小的道路上，尽量选择匀速行驶。有条件的车辆，还可以开启定速巡航功能。

3. 挡位选择

在车速一定的情况下，选择不同的挡位，节约燃料的效果会截然不同。一般情况下，在预定车速下，高挡位比低挡位节约燃料。因为高挡位对应的发动机转速更低，对应的发动机比油耗下降。但是不要盲目选择高挡位，应注意车速和挡位的适应，否则适得其反。

（六）转向控制

在车辆行驶过程中，转向对燃料消耗也有一定影响。这是因为转向盘操作不稳或来回变换车道，汽车曲线行驶，滚动阻力增大，行驶里程增加，燃料消耗也会增加。所以驾驶员为了做到节能驾驶，需要做到如下几点：

（1）有目的地选择车道，并有意识地保持车道稳定。

（2）必须转向时，要先判断转向，准确控制方向，操作准确到位。

（3）转弯操作前，要主动降低车速，开启转向灯，必要时，鸣喇叭示意。

（七）特殊路段驾驶

1. 泥泞路面

泥泞、翻浆路段，一般使用中速挡和低速挡，保持足够动力稳定地通过，途中尽量避免换挡和停车。泥泞路段较短时，可以加速冲过。

2. 上下破路

山路多转弯、坡道。在上陡坡时，尽可能利用快速换挡操作，换挡时要适当提前，动作要快，必要时可以越级换挡。下陡坡时为保证安全，禁止熄火、空挡滑行。通过连续不断的多坡道时，可以采取相应的操作，选用合适的挡位，能用高速挡就不用低速挡，能冲坡的就应当充分利用惯性冲坡，减少燃料消耗。

3. 拥挤路段

在拥挤路段，车辆走走停停。车辆在再次起步时应缓踩或不踩加速踏板，起步后尽可能利用车辆惯性滑行，避免起步后猛踩加速踏板再制动停车的方式；在车辆安全行驶的前提下，应减少停车，尽量使车辆保持一定的运动惯性。

（八）行车温度控制

车辆的行车温度包括发动机温度（包括水温、油温等）、变速箱温度和驱动桥油温等。发动机最佳的工作温度应保持在80℃～95℃。温度过低会使燃料燃烧不充分，导致燃料消耗量增多。温度过高会使发动机动力性能下降，动能转化为热能散发。

（九）空调使用

在运输途中，应适当使用空调。为了减少燃料消耗，夏季使用空调前，首先应打开车窗通风，使车内的温度降下；开启空调时，温度设定不要过低，并注意关闭车窗。

（十）倒车、停车

1. 倒车

为了节约燃料消耗，倒车操作时要做到如下几点：

（1）能转弯掉头的，避免几进几退的掉头。

（2）货车在装货前，利用空载机会提前掉头，摆正位置，规划好行驶路线。

（3）直线倒车时，应摆正车尾，控制好加速踏板，匀速直线后退，切不可猛打猛回左右摆动。

2. 停车

在城市道路、居住区行车或通过十字路口时，应尽量减少停车的次数，可以利用低速滑行的方法来等待时间。行程结束停车时，应做到一次停车到位。停车地点选择路面平整坚硬或坡度小、顺风和视线良好的地方。如果必须在软、滑路面上停车，应在车轮下垫上硬物，既可以防止车轮下陷，又防止再起步时打滑空转，浪费燃料。

（十一）发动机停车熄火

发动机怠速运转时，要消耗燃料。因此，除交叉路口短时间停车等待外，要尽量减少发动机怠速空转的时间，及时关闭发动机。

非增压发动机车辆一般停车超过1min，就应将发动机熄火；如果车辆经过高速或爬长坡行驶后，发动机温度很高时，应延长怠速运转30s以上后熄火。增压发动机车辆停车后不应立即熄火，应保持发动机怠速运转3min以上，待发动机充分冷却后再熄火。

总之，掌握节能驾驶操作不是一日之功，驾驶员应结合驾驶实际，进行长期的分析、总结，才能最终养成良好的节能驾驶操作习惯。

节能驾驶操作口诀

注意观察，有预见；合理怠速，少消耗；
轻踩油门，缓加速；减少制动，多滑行；
选好挡位，看转速；优化路线，节能路。

 单元问答

1. 影响燃油消耗的因素有哪些？驾驶员应养成哪些节油驾驶习惯？

2. 车辆是否得到良好维护会对燃料消耗造成很大的影响。结合本单元内容，试分析有哪些影响因素？作为驾驶员日常应该注意哪些事项？

3. 对于节能驾驶，您觉得哪些方面效果最明显？夏季在南方泥泞道路上行驶时，在保证安全的前提下，可以采用哪些方法实现节能驾驶？

9

附录A

新修订的法律法规
对道路交通违法违规行为的处罚规定

1.《中华人民共和国道路交通安全法》（2011年修订）

（1）《中华人民共和国道路交通安全法》（2011年修订）第九十一条对酒后驾驶的处罚由行政处罚上升到刑事处罚，加大了对酒后驾驶行为的处罚力度。驾驶人在驾驶过程中一定要谨记酒后驾驶的严重危害和后果。新旧处罚规定对比如下表所示。

酒后驾驶违法行为新旧处罚规定对比

违法行为	原处罚规定	新处罚规定
饮酒后驾驶机动车的	暂扣1个月以上3个月以下机动车驾驶证，并处200元以上500元以下罚款	暂扣6个月机动车驾驶证，并处1000元以上2000元以下罚款
醉酒后驾驶机动车的	约束至酒醒，处15日以下拘留和暂扣3个月以上6个月以下机动车驾驶证，并处500元以上2000元以下罚款	约束至酒醒，吊销机动车驾驶证，依法追究刑事责任；5年内不得重新取得机动车驾驶证
饮酒后驾驶营运机动车的	暂扣3个月机动车驾驶证，并处500元罚款	处15日拘留，并处5000元罚款，吊销机动车驾驶证，5年内不得重新取得机动车驾驶证
醉酒驾驶营运机动车的	约束至酒醒，处15日以下拘留和暂扣6个月机动车驾驶证，并处2000元罚款	约束至酒醒，吊销机动车驾驶证，依法追究刑事责任；10年内不得重新取得机动车驾驶证，重新取得机动车驾驶证后，不得驾驶营运机动车
多次饮酒或醉酒后驾驶机动车的	1年内有醉酒后驾驶机动车的行为，被处罚两次以上的，吊销机动车驾驶证，5年内不得驾驶营运机动车	因饮酒后驾驶机动车被处罚，再次饮酒后驾驶机动车的，处10日以下拘留，并处1000元以上2000元以下罚款，吊销机动车驾驶证
饮酒后或者醉酒驾驶机动车发生重大交通事故的	——	构成犯罪的，依法追究刑事责任，吊销机动车驾驶证，终生不得重新取得机动车驾驶证

（2）《中华人民共和国道路交通安全法》（2011年修订）第九十六条对假牌假证类和挪套号牌类违法行为的处罚规定也进行了调整，加大了对部分涉牌涉证类违法行为的处罚力度。新旧处罚规定对比如下表所示。

涉牌涉证类违法行为新旧处罚规定对比

违法行为	原处罚规定	新处罚规定
伪造、变造或者使用伪造、变造的机动车登记证书、号牌、行驶证、驾驶证	予以收缴，扣留该机动车，并处200元以上2000元以下罚款；构成犯罪的，依法追究刑事责任	予以收缴，扣留该机动车，处15日以下拘留，并处2000元以上5000元以下罚款；构成犯罪的，依法追究刑事责任
伪造、变造或者使用伪造、变造的检验合格标志、保险标志	予以收缴，扣留该机动车，并处200元以上2000元以下罚款；构成犯罪的，依法追究刑事责任	予以收缴，扣留该机动车，处10日以下拘留，并处1000元以上3000元以下罚款；构成犯罪的，依法追究刑事责任
使用其他车辆的机动车登记证书、号牌、行驶证、检验合格标志、保险标志	予以收缴，扣留该机动车，并处200元以上2000元以下罚款；构成犯罪的，依法追究刑事责任	予以收缴，扣留该机动车，处2000元以上5000元以下罚款

2.《中华人民共和国刑法修正案（八）》

2011年制定的《中华人民共和国刑法修正案（八）》在刑法第一百三十三条增加了对道路交通违法行为及其处罚的规定，具体如下表所示。

刑法第一百三十三条交通违法行为及处罚规定

原处罚规定	增加部分
违反交通运输管理法规，因而发生重大事故，致人重伤、死亡或者使公私财产遭受重大损失的，处3年以下有期徒刑或者拘役；交通运输肇事后逃逸或者有其他特别恶劣情节的，处3年以上7年以下有期徒刑；因逃逸致人死亡的，处7年以上有期徒刑	在道路上驾驶机动车追逐竞驶，情节恶劣的，或者在道路上醉酒驾驶机动车的，处拘役，并处罚金。有前款行为，同时构成其他犯罪的，依照处罚较重的规定定罪处罚

3.《机动车驾驶证申领和使用规定》（公安部123号令）

（1）新修订的《机动车驾驶证申领和使用规定》（公安部123号令）已于2013年1月1日正式实施，新规定提高了驾驶人严重交通违法行为的记分分值，目的是使驾驶人深知违法违规行为的严重后果，自觉规避不安全驾驶行为；新规定在提升记分分值的同时增加了违法行为记分项，记分项由38项增加至52项。具体计分项目和记分分值如下表所示。

道路交通安全违法违规行为及记分分值

违法违规行为	记分分值
（1）驾驶与准驾车型不符的机动车的； （2）饮酒后驾驶机动车的； （3）驾驶营运客车（不包括公共汽车）、校车载人超过核定人数20%以上的；	一次记12分

违法违规行为	记分分值
（4）造成交通事故后逃逸，尚不构成犯罪的； （5）上道路行驶的机动车未悬挂机动车号牌的，或者故意遮挡、污损、不按规定安装机动车号牌的； （6）使用伪造、变造的机动车号牌、行驶证、驾驶证、校车标牌或者使用其他机动车号牌、行驶证的； （7）驾驶机动车在高速公路上倒车、逆行、穿越中央分隔带掉头的； （8）驾驶营运客车在高速公路车道内停车的； （9）驾驶中型以上载客载货汽车、校车、危险物品运输车辆在高速公路、城市快速路上行驶超过规定时速20%以上或者在高速公路、城市快速路以外的道路上行驶超过规定时速50%以上，以及驾驶其他机动车行驶超过规定时速50%以上的； （10）连续驾驶中型以上载客汽车、危险物品运输车辆超过4小时未停车休息或者停车休息时间少于20分钟的； （11）未取得校车驾驶资格驾驶校车的	一次记12分
（1）机动车驾驶证被暂扣期间驾驶机动车的； （2）驾驶机动车违反道路交通信号灯通行的； （3）驾驶营运客车（不包括公共汽车）、校车载人超过核定人数未达20%的，或者驾驶其他载客汽车载人超过核定人数20%以上的； （4）驾驶中型以上载客载货汽车、校车、危险物品运输车辆在高速公路、城市快速路上行驶超过规定时速未达20%的； （5）驾驶中型以上载客载货汽车、校车、危险物品运输车辆在高速公路、城市快速路以外的道路上行驶或者驾驶其他机动车行驶超过规定时速20%以上未达到50%的； （6）驾驶货车载物超过核定载质量30%以上或者违反规定载客的； （7）驾驶营运客车以外的机动车在高速公路车道内停车的； （8）驾驶机动车在高速公路或者城市快速路上违法占用应急车道行驶的； （9）低能见度气象条件下，驾驶机动车在高速公路上不按规定行驶的； （10）驾驶机动车运载超限的不可解体的物品，未按指定的时间、路线、速度行驶或者未悬挂明显标志的； （11）驾驶机动车载运爆炸物品、易燃易爆化学物品以及剧毒、放射性等危险物品，未按指定的时间、路线、速度行驶或者未悬挂警示标志并采取必要的安全措施的； （12）以隐瞒、欺骗手段补领机动车驾驶证的； （13）连续驾驶中型以上载客汽车、危险物品运输车辆以外的机动车超过4小时未停车休息或者停车休息时间少于20分钟的； （14）驾驶机动车不按照规定避让校车的	一次记6分

违法违规行为	记分分值
（1）驾驶营运客车（不包括公共汽车）、校车以外的载客汽车载人超过核定人数未达20%的； （2）驾驶中型以上载客载货汽车、危险物品运输车辆在高速公路、城市快速路以外的道路上行驶或者驾驶其他机动车行驶超过规定时速未达20%的； （3）驾驶货车载物超过核定载质量未达30%的； （4）驾驶机动车在高速公路上行驶低于规定最低时速的； （5）驾驶禁止驶入高速公路的机动车驶入高速公路的； （6）驾驶机动车在高速公路或者城市快速路上不按规定车道行驶的； （7）驾驶机动车行经人行横道，不按规定减速、停车、避让行人的； （8）驾驶机动车违反禁令标志、禁止标线指示的； （9）驾驶机动车不按规定超车、让行的，或者逆向行驶的； （10）驾驶机动车违反规定牵引挂车的； （11）在道路上车辆发生故障、事故停车后，不按规定使用灯光和设置警告标志的； （12）上道路行驶的机动车未按规定定期进行安全技术检验的	一次记3分
（1）驾驶机动车行经交叉路口不按规定行车或者停车的； （2）驾驶机动车有拨打、接听手持电话等妨碍安全驾驶的行为的； （3）驾驶二轮摩托车，不戴安全头盔的； （4）驾驶机动车在高速公路或者城市快速路上行驶时，驾驶人未按规定系安全带的； （5）驾驶机动车遇前方机动车停车排队或者缓慢行驶时，借道超车或者占用对面车道、穿插等候车辆的； （6）不按照规定为校车配备安全设备，或者不按照规定对校车进行安全维护的； （7）驾驶校车运载学生，不按照规定放置校车标牌、开启校车标志灯，或者不按照经审核确定的线路行驶的； （8）校车上下学生，不按照规定在校车停靠站点停靠的； （9）校车未运载学生上道路行驶，使用校车标牌、校车标志灯和停车指示标志的； （10）驾驶校车上道路行驶前，未对校车车况是否符合安全技术要求进行检查，或者驾驶存在安全隐患的校车上道路行驶的； （11）在校车载有学生时给车辆加油，或者在校车发动机引擎熄灭前离开驾驶座位的	一次记2分
（1）驾驶机动车不按规定使用灯光的； （2）驾驶机动车不按规定会车的； （3）驾驶机动车载货长度、宽度、高度超过规定的； （4）上道路行驶的机动车未放置检验合格标志、保险标志，未随车携带行驶证、机动车驾驶证的	一次记1分

（2）新修订的《机动车驾驶证申领和使用规定》（公安部123号令）对驾驶证申领和使用过程中的违法违规行为也做出相关规定，具体如下表所示。

《机动车驾驶证申领和使用规定》对相关违法违规行为的处罚规定

违法违规行为	处罚规定
隐瞒有关情况或者提供虚假材料申领机动车驾驶证的	申请人在1年内不得再次申领机动车驾驶证
申请人在考试过程中有贿赂、舞弊行为的	取消考试资格，已经通过考试的其他科目成绩无效；申请人在1年内不得再次申领机动车驾驶证
申请人以欺骗、贿赂等不正当手段取得机动车驾驶证的	公安机关交通管理部门收缴机动车驾驶证，撤销机动车驾驶许可；申请人在3年内不得再次申领机动车驾驶证
机动车驾驶人补领机动车驾驶证后，继续使用原机动车驾驶证的	由公安机关交通管理部门处20元以上200元以下罚款，并收回原机动车驾驶证
在实习期内驾驶机动车不符合规定的；驾驶机动车未按规定粘贴、悬挂实习标志或者残疾人机动车专用标志的；持有大型客车、牵引车、城市公交车、中型客车、大型货车驾驶证的驾驶人，未按照规定申报变更信息的	由公安机关交通管理部门处20元以上200元以下罚款
机动车驾驶证被依法扣押、扣留或者暂扣期间，采用隐瞒、欺骗手段补领机动车驾驶证的；机动车驾驶人身体条件发生变化不适合驾驶机动车，仍驾驶机动车的	由公安机关交通管理部门处200元以上500元以下罚款，并收回机动车驾驶证
逾期不参加审验仍驾驶机动车的	由公安机关交通管理部门处200元以上500元以下罚款
伪造、变造或者使用伪造、变造的机动车驾驶证的	由公安机关交通管理部门予以收缴，依法拘留，并处2000元以上5000元以下罚款；构成犯罪的，依法追究刑事责任